Comment c'était avant, l'île de Ré

Du même auteur

Le Saunier de Saint-Clément, collection « Graveurs de Mémoire », L'Harmattan, 2002.
Une Île bien loin que le vent, collection « Écritures », L'Harmattan, 2005.
Les Magayantes, collection « Écritures » L'Harmattan, 2008.

Daniel Bernard

Comment c'était avant,
l'île de Ré

"Suzy SOLIDOR" huile sur toile par Alain Donnat (Collection de l'Auteur)

Après Van Dongen, Dufy, Marie Laurencin,
Chapelain-Midy, Rabanit, Van Caulaert et bien d'autres.
Le 226ᵉ tableau de Suzy Solidor par Alain Donnat, peint en 2010.
Collection de l'auteur.

À Mathilde, Alexandra et Charlotte.

Préface de Denis Seznec

Comment imaginer, aujourd'hui, que Saint-Martin-de-Ré, ce village aux pierres si blanches avec *son adorable petit port en colimaçon* a été, pendant plus d'un siècle, la porte pour l'enfer... D'un beau rêve au départ – réhabiliter des individus ayant commis un crime, une faute ou une erreur, la justice pensait leur donner une nouvelle chance en participant à construire une colonie — allait naître l'une des pires monstruosités qu'une civilisation ait enfanté. Un véritable cauchemar.

Le départ de métropole avait lieu à partir de Saint-Martin-de-Ré où tous les condamnés aux travaux forcés convergeaient des quatre coins du pays. On appelait cela « la chaîne » car, au début, avant qu'ils ne soient convoyés par wagons à bestiaux, les forçats étaient enchaînés les uns aux autres et traversaient la France à pied, pendant des semaines, à marche forcée.

Après plusieurs mois d'un régime très sévère à Saint-Martin-de-Ré, une « sélection » avait alors lieu. Celle-ci n'en avait que le nom car pratiquement tous les condamnés — des cul-de-jattes et des aveugles auraient mêmes été embarqués ! — étaient déclarés aptes à effectuer des travaux forcés en forêt équatoriale... Il s'agissait plus de se débarrasser que de punir !

Cent années de « transportation ». En réalité, cela aura duré trois siècles de relégation et de déportation...

Le 22 novembre 1938 eut lieu le départ du dernier convoi de forçats. De Saint-Martin-de-Ré toujours. Comme à chaque fois, c'était un événement et cela attirait les foules. *Les volets des maisons donnant sur le port devaient être obligatoirement clos. Les troupes coloniales, casquées, baïonnettes au canon, encadraient alors les centaines de condamnés.* Les cris des familles appelant désespérément leur homme surpassaient le bruit des sabots de bois sur les pavés. Ces cris déchirants de femmes et d'enfants auront résonnés longtemps après le départ du dernier convoi dans les têtes des habitants de l'île.

Ce dernier convoi comportait 666 condamnés. Le chiffre du Diable…

Le bagne demeurera comme une tache indélébile dans la mémoire collective du pays des droits de l'homme.

Le livre de Daniel Bernard va contribuer à enlever une petite partie — une infime partie ! — de la mauvaise conscience de la France. Il fera connaître cette page tragique de son histoire aux habitants de l'île de Ré et à ses nombreux voyageurs de passage en racontant le destin de quelques-uns de ces hommes punis — comme Guillaume Seznec, mon grand-père — qui auront eu le malheur de transiter par *son adorable petit port en colimaçon…*

Denis Seznec

Comment c'était avant ?

Dans l'Île de Ré, comment c'était avant ?
Avant quoi ?
Avant eux.
Eux, ce sont les gens, les gens qui déambulent,
Les gens qui n'aiment pas la foule
Qui commencent à se battre dès qu'ils sont entre eux.
Qui se sentent oppressés, qui se sentent étrangers.
Qui se sentent distancés.
Et pourtant ils ne sont jamais si près les uns des autres
Que dans la foule.
Comment c'était avant le pont ?
Avant, ils étaient moins nombreux.
En fait, il n'y avait personne.
Les seuls qui étaient là hantaient le paysage.
C'est pour ça qu'ils venaient, les autres, de Paris.
Et ceux qui étaient là allaient à leur rencontre
Mais pas comme le craignaient les autres.
Ils ne se sont pas rués sur eux, ni accrochés, ni salis.
Ils les ont regardés, en guettant la marée.
Ils se sont amusés, de leurs drôles d'habits
Ils ont pris leur distance, et appelé ça : méfiance.
Les autres ne savaient rien faire, ils ne savaient que dire.
Alors, ils sont partis, pour de très longs voyages ;
Pour devenir célèbres, dans l'art ou la finance,
Et faire, en revenant, partie du paysage.

J'aime pas la sieste

Être jeune fut le pire supplice qu'il m'ait été donné de connaître. Petit, je n'avais aucune disposition pour le bonheur et je détestais la sieste.

Rester éveillé représentait pour moi le summum de la liberté. J'étais insomniaque, non par vice, mais par tempérament. On me trouva contrariant, je me sentis incompris. C'était barbarie contre jeunisme.

Ma vie n'était que survie et ma famille factice. Je mesurais, déjà, toute l'étendue de notre différence. Je traversais volontairement la rue, en dehors des clous. Cela encore se comprenait, les clous pouvant se révéler un puissant antidote à l'endormissement.

Il ne me servait à rien de m'agiter puisque tout est écrit. Inch Allah !

Je sentais mon univers, de plus en plus, bordé par la fatalité. Que pouvais-je faire ? Attendre ?

J'avançais donc dans mon adolescence, comme d'autres, à l'ancienneté : en laissant filer le temps.

Mon attitude suscita beaucoup de remous dans le bassin familial. On susurra, bientôt, en me regardant, des noms de pension et de maison de redressement. On me menaça d'une mort clanique, sèche et brutale. Je souhaitais cultiver une apathie nonchalante et bienveillante, comme une maladie infantile, une rougeole urticante où mes bubons écarlates éclaireraient le cercle curieux des membres de ma famille, pareils à un divin soleil, illuminant le monde. Mon indolence, bien entendu, les fit douter. Les caprices d'adolescents sont une interrogation permanente. Je commençais, néanmoins, à fissurer les colonnes du temple de mes ancêtres. Au sein de mes proches, je recrutais mes fans. Je payais bien et si possible en retour d'affection. Mon grand-père Octave fut le premier du club. Je salue son courage.

L'été de mes dix-huit ans, dans l'île de Ré, je tentais de m'étourdir. Insomniaque par nature, noctambule par définition, j'organisais mes soirées avec l'insouciance d'un dandy anglais sortant d'un cocktail mondain.

Conscient de mes trajectoires incertaines, je faisais la fermeture des bars branchés avec des amis de rencontre. Boire, c'était déjà voyager, sans quitter le port. On voguait, à coups de roulis, vers des îles bleues où les glaçons tintent dans les verres et où les aubes luxuriantes appellent éternellement, à se jeter dans une mer turquoise.

À toutes fins utiles, j'avais trouvé une parade contre une perte de contrôle intempestive. Comme je me défonçais au Johnnie Walker, cet autre dandy veillait sur moi, car j'avais des réveils difficiles, surtout avant midi. Je n'avais aucun sens de la mesure, à part celle du baby. Mon entourage finalement, considéra que je poussais le bouchon un peu loin. Il n'avait pas tort. Ne s'improvise pas noctambule qui veut. Il faut trouver les bons amis qui collent avec les mauvaises rencontres.

Cela m'était égal d'être chaperonné. Je voulais une raison de vivre. Ce qu'il adviendrait de ma vie n'était pas la première de mes préoccupations. Je vivais une époque fantastique, pour peu que mon entêtement me mette à l'abri des bonnes surprises. Vous savez quoi ? Je buvais mon obstination avec délectation et je vomissais ma famille.

J'avouais sans complexe une solidarité sans faille envers les « jet-setters » décadents, qui ne pouvaient plus s'adonner à leur vice préféré : rouler à tombeau ouvert en Ferrari huit cylindres en V ; pas plus qu'ils ne pouvaient exploser, au passage, plus d'une demi-douzaine de radars, sans être aussitôt repérés et interceptés.

Ah, vous aimez appuyer sur le champignon ?

Oubliez ça. À force de vous faire ralentir, la modernité vous mènera droit dans le mur de l'immobilisme.

À quoi sert de demander la lune au progrès ? La maréchaussée sifflera toujours la fin de la récréation.

Combien de procès intentés contre la vitesse ? Et pas un seul, contre l'horreur. Combien de petits bolides interceptés tandis qu'un satyre, tout chiffonné, se retourne dans son imper ?

J'adorais ces fils à papa « gorgés de tunes », qui oubliaient de rentrer parfois, lorsqu'ils s'étaient malencontreusement scratchés, sur une route, en plein champ, en fin de semaine, à l'aube.

Un dimanche matin à la campagne, c'est beau comme une volupté foudroyante.

J'aimais le hasard. Le hasard n'est jamais que le premier feuillet d'un roman. J'adorais surtout, les nuits psychédéliques avec des filles folles dingues, des voitures dont les sièges se basculent et des boîtes de nuit trop bruyantes. J'ai longtemps confondu bonheur et videur.

Depuis, ces rescapés du bitume se sont tous reconvertis en jet-skieurs ventripotents, dans une discipline qu'ils jugeaient, il n'y a pas si longtemps encore affreusement prolétaire, et qu'ils croyaient destinée aux seuls insolvables.

J'étais convaincu que si l'on ne pouvait plus flamber dix mille euros en une seule soirée hétéro mousse, où des projecteurs vampirisés crachent la lumière comme de la purée de framboise, on allait droit vers un krach boursier de la pire espèce. Qu'accepter le mégotage était le début de la récession, et qu'à un tel rythme déflationniste, on ne trouverait bientôt plus de caviar que dans le coeur des frites.

Je me sentais insupportable. Cela m'excitait. J'appréciais cette frénésie vénéneuse qui s'emparait de moi. Le venin étant l'avant-goût de l'ébriété, je voyais poindre, comme de l'ivresse dans mon agitation. Et j'aimais m'enivrer.

C'était un piège, bien sûr. Je retrouvais dans mon délire, toutes les couleurs, toutes les angoisses du monde. Et puis, certaines extravagances tolèrent mal la vanité.

La vanité, je crois ce mot un peu fort. Tout au plus, espérais-je me bercer d'illusions. Inconvenant, cela me ressemble mieux. Je retrouve aujourd'hui, sous ce vocable, la plupart de mes rêves d'enfant et certains de mes souvenirs de voyage. Par exemple, en Grèce, ce ciel mauve au-dessus de Santorin, qui survit chaque soir au crépuscule, avant de plonger dans le gouffre obscur de la Caldera ; les chants mélodieux et graves de ces femmes africaines, aux seins de sable et d'argile, sur les bords du fleuve Congo ; les guitares monocordes et désaccordées, à l'évocation troublante de la croupe des filles du Nord Brésil ; à Prague, où certains dimanches de juin, les violons à l'unisson, cordes tendues comme des arbalètes, prêtes à se rompre, gémissent et grincent dans le vent, semblables à mille blessures douloureuses et insupportables, mille notes langoureuses et inconvenables. Je vous l'avais bien dit, j'ai toujours rêvé d'être romantique inconvenant.

La libération de la femme et la mode des seins nus ne contribuèrent pas à calmer mon désarroi. Elles furent un véritable traumatisme pour ma libido, plutôt habituée au salon byzantin de ma mère et à son canapé doré.

Le soir, j'apportais subrepticement, les polaroids de ces poitrinaires embalconnées, pris à la dérobée, depuis le haut des dunes, comme des devoirs à faire à la maison. Mais ce bonheur-là rend sourd. Je suis devenu dur d'oreille, à l'usure, en placardant des photos de femmes nues, la nuit, au-dessus de mon lit. Ne riez pas ! J'en connais qui à force de se retenir, ne sont jamais passés à l'âge adulte. Ce sont les plus pervers. Il n'empêche, j'étais terrifié à l'idée de rester handicapé, jusqu'à la fin de mes jours.

Mon enthousiasme se dissipa comme brume en novembre. Entre la tentation de continuer à vivre au-dessus de mes forces et mon envie d'arrêter, je choisis finalement, le parti d'en rire.

C'est alors que je découvris le soleil de Ré, les promenades en vélo, le moulin à marée de Loix, les vagues sous les pieds nus et les matins de plage. Le sable y était chaud et j'aimais son odeur.

Je crus pouvoir, un temps encore, m'afficher dans les bars de l'île et finir, par la même occasion, de croire que j'épuisais une fortune, que je n'avais pas.

On ne s'en rend pas très bien compte, mais ce bonheur, simple et tranquille, qui vous agresse dans l'île de Ré, fait tous les jours des ravages considérables, parmi les noctambules.

Ré me rappelle étrangement Cythère, cette île paradisiaque près du Péloponnèse, que je retrouvais, fréquemment, dans mes cours de grec ; cette île, abordée par les navigateurs souhaitant faire relâche, le plein de vivre et le surcroît d'émotion, dans les bars du port. Je me sentais ici, au bord de l'océan, comme là-bas, au bord de l'Amour. J'avais dû me laisser endormir par le chant d'Aphrodite, comme on s'endort après une cuite d'enfer pavée de bonnes intentions.

C'est le genre d'endormissement, qui vous mène droit à la cure de désintoxication, ou à l'écriture de vos mémoires, dans un recueil relié et matelassé, ce qui revient au même. Je ne me laissais entraîner, ni vers l'une, ni vers l'autre. Une gaucherie naturelle m'incitait à croire, mais j'avais tort, qu'il suffisait d'être volontariste, pour se rétablir ou de s'arranger avec le diable de ses souvenirs, pour éviter les trous de mémoire. Je compris vite que si je ne pouvais écrire, je pouvais au moins parler. Je parlerais donc. J'avertis mes proches et réunis ma famille : j'allais tout balancer. Mais l'exercice m'apparut banal et peu encourageant. Je me découvris un tabou de la pire espèce, comme un furoncle sur le nez et louche, comme un regard en coin, un strabisme s'épiant lui-même : quelque chose qui ressemblait à de la pudeur. J'hésitais, je tournais en rond. J'étais devenu ce chien fou s'enroulant éternellement sur lui-même, et courant après sa queue. Un truc de malade, pire que la sieste. L'impression me vint sournoisement, allez savoir pourquoi ? J'étais peut-être cinglé.

C'est alors que je réalisai : ce n'était pas de ma jeunesse dont je voulais faire le récit, mais celui de l'île de Ré. Mon enfance avait fini par se fondre dans l'histoire de cette île, comme un sucre dans le café. Je vérifiais, amusé, que mes premiers émois coïncidaient avec les premiers pas de l'île, dans le monde des célébrités, du Tout-Paris des années soixante. Je me souvenais de mes premières rencontres avec les nouveaux estivants, de leurs sensations vécues comme des premières amours : celles qui comptent.

Des questions alors surgirent. Quelle curiosité m'animait ? Quels salmigondis allais-je encore déterrer ?

Ainsi revenu aux sables blonds, bordés par une mer sans âge, j'avançai dans la montée du temps, parmi mes contemporains, sans trop savoir qui, de l'île ou de moi, aurait le plus à séduire.

Je me méfiais de cet itinéraire, un peu trop poncif, tout autant que des confidences des célébrités que j'avais ou que j'allais récolter, grain à grain, comme une vendange tardive ; comme s'il fallait, pour se forger son propre bonheur, avoir été le témoin bouturé de celui des autres.

La sérénité de Gisèle Casadesus eut finalement raison de mes inhibitions.

Gisèle

Gisèle est la première de la famille Casadesus à débarquer sur l'île de Ré. Nous sommes en 1922, l'année de la mort de Proust ; elle a huit ans. Elle découvre Ars et la plage de la Grange. Le village s'accroche à la dune, comme son vélo, au sable. Elle habite un moulin, comme Cendrillon, son château. C'est le début des années Paradis. Ses origines, catalane et russe, lui donnent envie de danser.

Quelques années plus tard, Gisèle est toujours dans son moulin sans électricité. Elle danse, elle danse jusqu'à cinq heures du matin. Par la fenêtre ouverte qui donne sur le marais, elle est séduite par la douceur du vent, la lumière et le calme. Le train, qui relie péniblement les villages de l'île, se fraye un passage dans le silence. Alors, Gisèle et ses copains tentent d'arrêter le train.

Bien des années ont passé, je retrouve Gisèle dans sa maison d'Ars, à l'ombre du clocher, au fond d'une venelle qui ploie sous les roses trémières. Gisèle est bientôt trisaïeule, toujours alerte et a gardé une élégante silhouette de jeune fille. Sa vivacité d'esprit et son énergie sont étonnantes. On échange quelques mots.

— Vous aimez les années trente et celles qui suivent ? Venez, je vous y conduis.

Je me laisse guider.

Des portraits surgissent du passé, des personnages s'animent. Gisèle a rajeuni, elle entre à la Comédie-Française, elle a dix-huit ans. Elle est une des plus jeunes, une des plus convoitées. Lucien Pascal, le directeur général de la scène est le plus rapide. Il l'épouse. Ils ne le savent pas encore, c'est le début de la saga Casadesus. Ils retournent à Ars. Arrivent, un peu plus tard, Jean-Claude, Martine, Béatrice, Dominique : leurs enfants ; le frère de Gisèle, Christian et puis Pénélope. Tous des Casadesus. C'est Dallas-en-Ré.

Gisèle Casadesus avec son mari Lucien Pascal et l'un de leurs enfants, sur une plage de l'île de Ré.
Collection privée.

Jean-Claude est le chef, le chef d'orchestre de l'Opéra de Lille. Gisèle est heureuse, même si elle ne danse plus sous les ailes de son moulin, même si elle n'arrête plus le train de l'île de Ré, la musique est toujours là.

Dédicace Jean-Claude Casadesus
Collection privée de l'auteur.

Dédicace Pénélope Casadesus
Collection privée de l'auteur.

Gisèle Casadesus en famille
Collection privée

Gisèle et son frère Christian
Collection privée

Les Fausses Confidences

Gisèle a vingt-huit ans. Elle joue à la Comédie-Française. Elle répète le rôle, qu'on va lui confier bientôt, dans *Les Fausses Confidences*, une pièce de Marivaux. Après chaque répétition, elle sent venir le goût du sel, sur ses lèvres. Elle ne sait dire, si c'est la soif qui l'étreint, ou l'appel du large et des marais d'Ars, qui se manifeste. Elle ne peut se défaire de ce goût d'iode et de saumure. Les câbles, qui descendent des cintres, côté jardin, ont l'odeur âcre des vieux cordages, qui sèchent au soleil. Les loges ont ces parfums bruyants et enfumés des bistrots de marins. Le brigadier frappeur, dans le coin de la scène, prend des allures autoritaires de manche de gouvernail, dressé dans la tempête. La scène obscure et son parquet qui grince lui rappellent son moulin sans électricité, sur la route de Saint-Clément.

Gisèle, dès qu'elle le peut, retrouve les vieux bacs rouillés de La Pallice, son clocher noir et blanc et l'ombre des nuages, qui dansent éternellement, sur la plage de la Grange.

Elle retourne au *Lion d'Or*, sur la place de l'église, chez ses amis Lucas : Blanche et Raoul. Quelques Rétais sont de la fête, Victor Goumard, le tambour municipal, joueur de saxo. Octave arrive avec le sien et des huîtres de son marais. Henri Béraud, prix Goncourt, vient en voisin de Saint-Clément. Gisèle est étonnée de voir un si gros homme, courir après son vélo, et grimper dessus, tout en roulant, aussi léger que le vent. Elle ne comprend pas que, plus tard, on enferme dans le pénitencier de Saint-Martin, un homme de cette qualité. Il a le défaut inconcevable de détester les Anglais. Sur cette terre de Ré, il n'est pas le seul. Gisèle défendra toujours la mémoire de l'écrivain qui vivra encore une douzaine d'années, après la guerre, dans son village d'adoption : Saint-Clément. Il y sera enterré.

Quelques Bordelais se joignent au groupe, parmi eux, Philippe Sollers. Dans son Martray, où il réside, au pied des marais, il apprendra à aimer ces paysages de lagunes, qui le poursuivront, plus tard, jusqu'à Venise. Claude Rabanit, photographe et envoyé spécial à *Paris Match*, va aimer l'île, au point d'y devenir peintre. Il épouse Chantal, un magnifique mannequin d'un mètre quatre-vingt-trois, qui lui servira de modèle.

Gisèle joue enfin *Les Fausses Confidences*, qu'elle répétait au théâtre. La guerre est déclarée. Devant la poussée allemande, Gisèle se réfugie à l'île de Ré, pensant qu'on la laissera tranquille, dans son village du bout du monde. Elle prend le petit train, avec sa famille, son fils Jean-Claude, cinq ans, sur ses genoux. Le train de l'île fait de la résistance. Avant, il s'arrêtait une fois par village. Maintenant, il fait la tournée des bistrots. Il s'arrête dans tous les troquets. Les moins « torchés», poussent pour faire redémarrer le train, qui peine dans les côtes, entre La Flotte et Saint-Martin.

Quand Gisèle arrive à Ars, les Allemands l'ont précédée. Elle voit, avec effarement, le drapeau nazi flotter sur la façade de la mairie. Les Allemands sont partout. Sur la plage de la Grange, dans les marais, à l'intérieur du clocher qui sert d'amer aux bateaux.

En juin 1940, à Ars, c'est une drôle de guerre qui s'installe, sans cadavre ni trompette. C'est l'Occupation. Mais il n'y a qu'eux, ceux d'en face avec leur uniforme gris souris, à être occupés. Parce que, côté village, c'est le calme plat. Il ne reste plus grand-chose, les hommes sont partis, les rues paraissent désertes ; les mômes, en culotte courte, restent cloîtrés dans leurs venelles. Tout un régiment de gamins s'entraîne, sous les frondaisons des treilles, à la guerre des boutons, pétaradant comme les « side-caristes » allemands et leurs drôles de lunettes. Les quelques sauniers restants ne font plus que du sel pour eux. Les paysans, dans les champs, retournent la terre au ralenti. Les figues et les cerises, dans les arbres, poussent au ralenti. La nature et les hommes, pour une fois d'accord, résistent au ralenti. Ce n'est plus une Occupation, c'est un vaste ralentissement.

Au *Lion d'Or*, chez Blanche et Raoul, les « Boches » se gavent d'huîtres et de cognac, en faisant de grands « slurp ». Ils ne prêtent guère attention aux vieux, accoudés au comptoir, le nez tourné vers le mur, triturant nerveusement leur verre de piquette dans leurs grosses pognes inutiles, le regard rivé, à ce qui leur reste de France : des litrons vides, du quinquina et du Pernod. On n'entend que leurs raclements de gorge, gras et profonds, qui se parlent, dans le silence. Et le silence leur répond, pesant et lourd, comme s'il avait déjà, choisi son camp.

Comme il n'y a plus rien à faire, Gisèle, aussi, se mure dans le silence.

Dans le clocher, les cloches de l'église, gênées par les mitrailleuses, ronflent comme un sonneur et l'horloge, réglée à l'heure allemande, avec deux heures de décalage, marche au pas de l'oie.

Deux gendarmes, les jambes arquées dans leur uniforme, se tiennent au carrefour du Sénéchal. Ils tentent de régler une circulation imaginaire, d'un air concentré. Ce sont des êtres d'habitude, peu enclins au changement et qui ne souhaitent plus qu'une chose : que la guerre les oublie !

Gisèle apprend que la Comédie-Française va rouvrir. Elle quitte précipitamment l'île, avec les siens. Elle se consolera : dans Paris occupé, peu d'Allemands assistent à la représentation des *Fausses Confidences* de Marivaux. Il leur faut comprendre le français. Nostalgique, elle sait pourtant qu'il lui sera impossible de revenir dans l'île, tant que durera la guerre.

Les malheurs d'Alfred

Le *Café du Commerce*, sur le port d'Ars, est l'un des plus anciens cafés de l'île. Je l'ai fréquenté souvent, l'œil curieux, espérant y trouver, chaque fois, matière à réflexion.

Dans une petite salle discrète, appelée « Le Cercle », le mouvement anarchiste français, avec à sa tête Vaillant, Barbotin et Reclus rédigeaient, en grand secret, des articles qui faisaient la une des revues libertaires parisiennes, au début de l'autre siècle.

Est-ce par superstition ou par crainte de découvrir des cadavres, mais ce jour-là, un sentiment de malaise m'envahit ?

Il ne faut pas réveiller les fantômes, si ce n'est pour trinquer avec eux. Drôle d'idée pour se remonter le moral !

Assis à ma table, un stylo à la main, des plats de langoustines volent au-dessus de ma tête. J'essaie de me souvenir.

Un acteur de théâtre et de cinéma des années soixante, Alfred Adam, qui a joué dans *La Belle Américaine*, de Dhéry et qui ne verse pas spécialement dans la neurasthénie, se rend maître des lieux. La scène de boulevard et le pineau de l'île, n'invitant guère à la mélancolie, c'est alors, une équipe de joyeux lurons, qui rejoignent Alfred.

Alfred Adam est un homme grand et sec, le visage taillé à la serpe et une voix de contrebasse, qui se pose sur la conversation, comme un pélican, sur le sable. Pas besoin d'être sorcier pour deviner, lorsqu'il s'exprime, qu'il joue la comédie, qu'il est sur les planches. Sa vie n'est qu'un vaste théâtre. Il ne se lève pas, il entre en scène. Il apparaît, chaque matin, au chant du coq, côté jardin, et disparaît, le soir, côté cour.

Alfred, aussi, est un ami de mes parents. Les huîtres et la mouclade rapprochent les bonnes consciences. Je crois que ce sont eux qui l'ont encouragé à s'installer à Ars. Ils sont les seuls Rétais, présents au mariage d'une des jumelles d'Alfred, au *Café du Commerce*.

Alfred est partout. Il fait l'acteur le lundi, joue au théâtre à Paris, la semaine et sert l'apéro dans son bistrot d'Ars, le dimanche. Il est débordé.

Je garde d'Alfred une foule de souvenirs impérissables. Un jour, il débarque chez nous, avec Bernard Blier. Ce dernier a une voiture américaine, une Chrysler encombrante. Il ne peut pas la garer. Il décide de la laisser sur la route. C'est le temps des vendanges. Les charrettes, revenant des vignes, ne passent plus sur le port de Rivedoux. Il y a embouteillage, avant de presser le raisin.

Alfred est particulièrement économe. Il adore servir l'apéritif à ses amis, Casadesus, Monnet, Rabanit. Il a fait installer, sur chaque bouteille, une boule en verre, qui indique exactement, la dose à ne pas dépasser. Il récupère la dernière goutte, par une flexion du poignet. La situation est incongrue. Ça amuse beaucoup Gisèle. Alfred n'en est pas moins sympathique. Sa voix de basse en impose. Il la plante dans la conversation, à la manière des grands tribuns. Il en joue. Monter dans les aigus, marque à coup sûr, l'émotion. Poser sa voix, descendre dans les graves, impose silence et respect. Il utilise sa tessiture, chaude et caverneuse, dans ses entrevues avec le maire. Ça n'impressionne pas le magistrat. Il insiste, se cherche. Ses relations, avec l'autorité locale, sont faites d'admiration mutuelle et de rivalité, de coups de gueule mémorables et de réconciliations exaltées.

*Café du Commerce sur le port d'Ars
Rendez-vous des personnalités.*
©Incognito St-Martin-de-Ré

Les horaires de fermeture du *Café du Commerce*, au petit matin, sont source de conflits permanents et donnent toujours à interprétation. Alfred n'apprécie guère le maire. Le chef du village est un pète-sec et il le lui rend bien. C'est Don Camillo contre Peppone. Les contrôles d'alcoolémie se font devant chez Alfred.

Plus un saunier, plus un farfelu en mal d'ébriété, n'ose s'aventurer chez lui. On les voit, aux enterrements, se serrer la main gravement, comme si le mort leur appartenait et se saluer, d'un coup de casquette à la lune, comme deux hommes, qui vivraient dans un monde, qui n'aurait pas le même air.

Le maire vient peu au *Café du Commerce*. Ces deux-là n'habitent pas du même côté de la rue. L'un prêche l'ordre, l'autre, la liberté. L'un s'appuie sur le code et l'usage, l'autre, sur la force de persuasion de sa voix. La frontière est infranchissable entre l'acte et la parole. C'est un combat sans fin, sans voix ni loi, où la rigueur du fonctionnaire n'aura de cesse de « contre-barrer » la fougue de l'artiste.

C'est à cette époque, que les cabines téléphoniques se mettent à pousser, partout sur les trottoirs, comme des champignons de Paris.

Ce matin-là, la brume enveloppe le Fier d'Ars. Une fourgonnette silencieuse quitte la mairie et se dirige vers le port. Les badauds, intrigués, tournent autour du colis suspect qui s'élève au-dessus du pick-up. Peu après, une cabine téléphonique investit le trottoir du *Café du Commerce*. Elle est plaquée sur la façade, obstruant une fenêtre, dont les volets restent clos. C'est la fenêtre de la chambre d'Alfred. Il couche au rez-de-chaussée. Alerté par le vacarme de l'installation, Alfred risque un œil, entrouvre les volets. Ça coince. Il force les lamelles de bois, qui plient sous son poids. Dans un rai de lumière, il aperçoit, ce qu'il croit être, la face arrière d'une cabine téléphonique. Alfred sort de son estaminet, avec sa grosse voix et la colère aux lèvres.

Qu'est-ce qu'il se passe ? fait Alfred sur un ton de crécelle, perdant la superbe de son organe, profond et ténébreux, comme si le monde, soudain, s'était renversé.

Alors, les gens regardent la cabine, font mine de ne pas comprendre, laissant les deux protagonistes, face à face, dans un duel téléphonique improvisé. Alfred vire à l'orange.

— Qu'est-ce qu'il se passe ?... il se passe... se passe.

— Je ne fais que mon devoir Monsieur Adam, interrompt le maire.

On aperçoit, dans le regard du plus haut magistrat du village, une joie non dissimulée. Il articule, il savoure, à nouveau, le nom de son opposant, jusqu'à le faire fondre, comme un bonbon, dans sa bouche. Il a enfin une bonne raison de le haïr, puisqu'il a devant lui, un homme qui ne peut que s'opposer à l'autorité. S'il bouge, il le verbalise pour entrave à l'utilité publique. Je suis dans mon droit, dit le maire en tournant les talons.

Je suis le premier, en l'absence de mes parents, à recueillir les malheurs d'Alfred.

À le voir, ainsi, sa grande carcasse voûtée, les bras tendus, les mains chiffonnant un papier imaginaire, devant lui, le regard fiévreux et la lippe tremblante, je crois, un instant, qu'il répète *Le Roi Lear* pour le Théâtre - Français. L'effroi ne lui enlève pas son âme d'artiste. Malgré ma jeunesse troublée, ce jour-là, je comprends que l'artiste joue juste.

Alfred ne se remit jamais du coup du sort qu'il avait reçu, un matin, simplement, comme un coup de fil.

Peu après, Giscard devenait Président, le *Café du Commerce* était en vente.

Longtemps, il rechercha sur les scènes du théâtre, cette voix de contrebasse qui l'avait quitté. Ce timbre, qui en imposait et planait sur les conversations, à la manière des grands tribuns.

Octave

À vingt ans, je crus quitter l'île, pour toujours. Mais rien ne m'a vraiment distrait, pendant toutes ces absences. Les racines étaient profondes, accrochées et bien plus tenaces, que cet appel du large, qui m'avait entraîné. Je suis revenu.

Dans l'île, Octave attendait. Outre quelques champs de marais, sur la commune de Saint-Clément, Octave possédait le quart de Lilleau des Niges. Les Niges sont la partie la plus importante de la réserve naturelle, dédiée aux palmipèdes de mer et gérée par la Ligue pour la protection des oiseaux.

Le domaine d'Octave s'étendait sur deux communes : Saint-Clément et Les Portes, de part et d'autre du pont de bois, qu'emprunte la piste cyclable et qui enjambe le chenal.

Vers Les Portes, sa propriété s'arrêtait, non loin des *Hurle-Vent*, la maison de Suzy Solidor. Il fut un ami fidèle de la chanteuse.

Octave était musicien, il jouait du saxophone et c'était mon grand-père.

*

Bien avant ma naissance, durant la guerre de 39/45, l'île se trouve sous le joug nazi. Les jeunes et les vieux sont réquisitionnés pour construire les blockhaus allemands du mur de l'Atlantique. Octave se fait porter pâle. Il envoie ses deux fils : mon oncle et mon père. Il leur ordonne, au péril de leur vie, de mettre beaucoup de sable dans le béton et de rapporter le ciment. Ils construisent ainsi, plusieurs batteries côtières ennemies. Quelques-unes s'effondrent comme un château de sable, d'autres ne passent pas l'épreuve des premières tempêtes, pas toutes.

Octave, pendant ce temps, reste un homme discret, comme bien des hommes de l'ombre de cette époque. Lui qui n'avait pas eu peur en 1914, ne craint pas davantage les foudres des envahisseurs de 1940. Il est héroïque à sa façon, à contre-courant.

Un espion de Londres, chargé de relever les emplacements des batteries allemandes et d'évaluer leur puissance, arrive au large de l'île. Il fait nuit. Il est caché dans la voile enroulée autour du mât, du bateau du Père Keller. Il a fait un voyage de deux jours. Parachuté en zone libre, il a franchi les barrages allemands, sur la côte de Mimizan. Elle est moins surveillée que la « poche de La Rochelle ». Il a été pris en charge, par des pêcheurs de Saint-Jean-de-Luz. Depuis le corps-mort, en face du port de Rivedoux, il se glisse dans l'eau, à la nuit tombante. Mon grand-père l'accueille, tapi dans la dune, et le fait entrer chez lui, par la porte de la cour, qui donne encore aujourd'hui sur la mer. Une énorme barrique, dans le cellier, a été trafiquée pour héberger les hommes de la Résistance, au nez et à la barbe des Allemands. Une baudruche de vin, à l'intérieur de la barrique, reliée à un robinet, donne le change. Plusieurs fois, lors des contrôles inopinés, les occupants en armes se désaltèrent à la barrique truquée, sans se douter qu'un homme est là, caché à l'intérieur, revolver au poing.

Le repérage des batteries ennemies se fait avec Octave et sa voiture, ou bien en vélo, avec de faux papiers dans la poche et une treille à crevettes, sur l'épaule.

Le retour du résistant, sur le bateau du passeur, se fait en prenant des risques inouïs. À l'aube, Octave et ses deux fils, en ciré et capote jaunes, s'avancent vers le contrôle allemand du port de Rivedoux. Après avoir fait valider les trois laissez-passer, ils transportent en plusieurs fois, des paniers en osier, de la maison toute proche, jusqu'à la yole du bateau du Père Keller.

Au dernier voyage, l'espion prend le ciré et la capuche de l'oncle. Octave, le résistant et mon père s'enfoncent alors, dans la nuit.

Les plans des emplacements des canons sont cousus, dès le lendemain, dans la doublure du béret d'Octave, par Lydia, ma grand-mère. Mon grand-père prend aussitôt le bateau pour le continent et, après une heure de bus, rejoint son contact et lui remet les plans. La nuit suivante, Octave, le nez à la fenêtre, guette dans le lointain un bruit : celui de l'avion, tous feux éteints, qui cherche à se poser dans la campagne charentaise. D'autres hommes, là-bas, remettront les plans, qui seront acheminés vers Londres.

Ce qui me frappait chez cet homme, installé dans son vaisseau de sable, c'était son courage silencieux. Seul, le vertige semblait avoir prise sur lui.

Plus tard, dans le midi où je l'avais entraîné, il revit avec émotion, l'arrière-pays niçois, qu'il avait connu pendant sa jeunesse. La hauteur modeste des collines eut raison de lui et c'est un homme, pris par le vertige de sa vie, autant que par celui de l'altitude, que je redescendis, ce jour-là, sur les bords de la Méditerranée.

C'est avec amusement, que je me rappelais, quelques années plus tôt. J'étais étudiant à l'Ecole Hôtelière de Paris. Octave avait usé de ses relations parisiennes, pour faire inscrire un petit-fils, entré avec ses deux sabots dans l'âge ingrat, au concours de la prestigieuse école de la rue Médéric.

Le métro était ringard et décalé, comme moi. Dénué de tout sens critique et moral, prêt à gerber plus vite que mon ombre, sur tout ce qui bougeait, j'avançais à reculons, vers l'examen. Je hurlais intérieurement qu'il y avait non-assistance à personne en danger. J'essayais, malgré tout, de ne rien laisser paraître, quand le silence se fit à l'intérieur des salles du concours. Le hasard et ma bonne étoile firent le reste.

Par Toutatis et le béret d'Octave, je fus reçu ! Peu de temps après, j'effectuais un stage, dans un grand hôtel parisien, avenue George-V : « Le Prince de Galles ». Je fus préposé, comme garçon d'ascenseur. Je devais, à leur demande, monter les clients dans leurs appartements. Dix minutes et trois allers et retours plus tard, je fus pris d'un violent mal de mer, enfin d'un mal d'étage. Le palace se mit à flotter, autour de moi, comme un bateau de croisière. J'eus beau expliquer, que je n'étais en rien familiarisé avec ces mécaniques, que les maisons de l'île de Ré possédaient peu d'étages. Rien n'y fit. Je fus débarqué de ma fonction, sur-le-champ. Par la suite, j'en ai voulu, terriblement, aux ascenseurs qui, sans vergogne, me ralentissaient dans mon escalade professionnelle.

L'idée me vint à l'esprit, que je n'étais que la copie conforme de mes ancêtres.

En tout état de cause, nous appartenions, mon grand-père et moi, à cette espèce rare et malheureuse des vertigineux.

L'incident d'ascenseur n'opéra pas sur moi l'effet que j'escomptais. À mesure que je reprenais mes esprits, à mon grand désarroi, je recommençais à croire en la vie, à espérer en ma famille.

La guerre est finie

La guerre est finie. 1945 annonce une nouvelle époque. Dans l'île de Ré, Gisèle et son mari, Lucien, reçoivent à nouveau, dans leur maison d'Ars.

Octave ouvre une guinguette, sur le port de Rivedoux, mes parents s'en occupent. Ils l'appelleront *La Marée*. Les people arrivent de Paris. Après un passage sur le bateau, souvent mouvementé, tous s'arrêtent prendre le pineau, chez Octave.

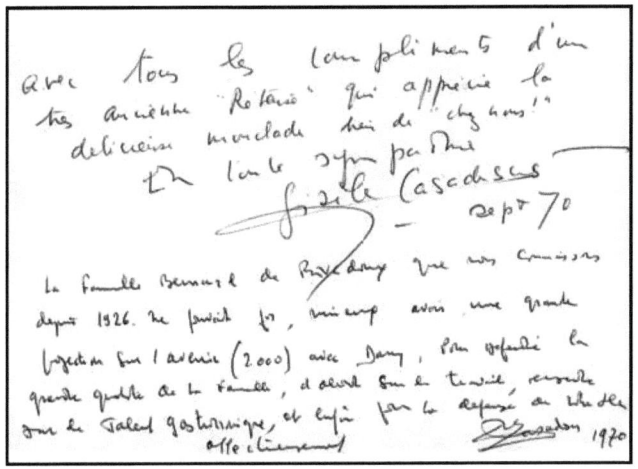

Dédicace Gisèle Casadesus.
Collection privée.

Bientôt, les soirées reprennent à l'*Auberge Rétaise*, sur le port d'Ars, au *Chat-Botté*, chez Suzanne Massé et à Rivedoux, sur le

Photo de Gisèle Casadesus sur vélo.
Collection privée.

port. La famille Casadesus, au grand complet ; Henri Crémieux, un acteur populaire et Claude Barma, qui vient de réaliser *Le*

Jeu de l'amour et du hasard, de Marivaux et qui va devenir célèbre, en adaptant son *Belphégor* à la télévision.

Photo de Claude Barma
Collection privée de Madame Claude Barma.

Jean Monnet, le « Père de l'Europe » et sa femme Silvia se laisseront emportés par la spirale ; la comtesse de Ganay, une actrice, amie de Gilles Margaritis de *La Piste aux Étoiles*, tous se retrouvent chez ma mère, autour d'une mouclade et d'un vrai muscadet.

Dédicace Claude Barma.
Collection privée.

Étrange karma

Quand je m'éloignais de l'île, je cherchais à m'en rapprocher. Quand j'y revenais, j'essayais de la fuir. Quel étrange karma étais-je condamné à expier ? Devrais-je, comme Sisyphe, éternellement remonter mon rocher, jusqu'en haut de la colline, au risque de me déclencher, comme chez Octave, un violent mal de mer ? J'avais envie de la mort, comme d'un cachet d'aspirine. Je passais une semaine affreuse. Je suis revenu. Octave m'attendait. Il m'emmena dans les marais. Après avoir longé la maison des *Hurle-Vent*, nous avons pris la direction de Lilleau des Niges. J'avais besoin d'Octave. J'avais besoin de me retrouver, aussi. Nous nous sommes arrêtés au bord du grand vasais.

Des aigrettes pêchaient, indifférentes, dans les salines. Ce qui m'a frappé, à cet endroit, c'est le silence. L'immensité du silence et les oiseaux. Les oiseaux sont partout, chez eux, dès qu'ils abordent les grands espaces.

Dans le Pacifique Sud, l'albatros, que ses ailes de géant empêchent de marcher, plane en dormant, au-dessus des Quarantièmes Rugissants.

Plus loin, le condor d'Amérique latine porte éternellement, sur son dos, un soleil couchant, qu'il pose chaque matin, à l'aube, au sommet de la cordillère des Andes.

Ici, le héron cendré déploie ses ailes d'ombre, au-dessus des marais argentés d'Octave.

Les marais d'Octave
© Incognito

Mon grand-père n'eut de cesse de contrecarrer les investisseurs du continent, repoussant leurs propositions d'aménagements, de ports et de marinas, dans ce domaine des grands espaces. Il eut le bonheur de s'éteindre en ayant vu s'implanter, sur son domaine, la Maison du Fier : la maison des oiseaux. Il est probable aussi, qu'Octave eut été favorable à la construction du pont de Ré, probable aussi, qu'il serait aujourd'hui, un acharné défenseur des espaces vierges de l'île. Et sur un air de saxo, un ardent protecteur de ces marais, qu'il chérissait tant. Je pense qu'il l'aurait été, tout simplement, au nom de l'identité.

Quand on est un héros, c'est toujours dans la contradiction, à contre-courant. La contradiction est la part sombre de l'héroïsme et la plus mystérieuse.

Je comprends mieux aujourd'hui, cette phrase lâchée par mon grand-père, un matin de printemps, au seuil des années quatre-vingt, un trois avril, dans son dernier souffle : « Ma vie est finie, tu n'as plus qu'à la vivre. »

Jean Monnet

Peu d'hommes ont le pouvoir de façonner le destin, qui leur convient : de Gaulle, Napoléon, Kennedy, à leur façon, l'ont fait. Tout le monde s'en souvient. Moi, je ne me souvenais de rien. Je méprisais ces témoignages hallucinés, ces chrysanthèmes déposés au pied de l'histoire, à l'âge où j'avais, bien sûr, tout pour les fleurir. Je reconnais qu'à cette époque sacrifier à la dévotion universelle, m'agaçait un peu. Même si, depuis longtemps, j'avais troqué mes shorts trop larges, pour des pantalons de flanelle, je demeurais cet âne en culotte, à peine dégrossi, qui ne voyait guère au-delà de sa botte de foin. Les livres, et les poètes en particulier, m'indifféraient royalement. J'étais de ceux, qui criaient haut et fort : Kennedy, quel bel homme ! Aujourd'hui, je comprends l'attachement que l'on peut éprouver pour son pays d'origine, je chante à la volée, comme le bel homme : « Ich bin ein Berliner », tant mon revirement est grand et ma coulpe sincère.

Pendant les *sixties*, la télévision trônait à la maison, face à la table de la salle à manger. Ce nouveau divertissement marqua chez moi le début de la sagesse. Je découvrais, subjugué, les interviews de Claude Barma, les pièces de théâtre, où Gisèle Casadesus crevait l'écran en noir et blanc et les journaux télévisés, où l'on voyait Jean Monnet, le Père de l'Europe, mener avec obstination, son « enfant » sur les fonts baptismaux. Je suivais, avec délectation, le cheminement de ces personnalités, que je voyais si souvent, à la table de ma mère.

En 1950, Jean Monnet arrive dans l'île de Ré, il ne peut aller plus loin. C'est le bout de l'Europe, le bout du monde. Après, c'est l'océan, l'Amérique : celle de Colomb, de Cortés, celle d'Abraham Lincoln et d'Eisenhower, celle de Cartier et de La Fayette. Il se sent l'âme de ces découvreurs. Il va sur la plage de la Conche, comme sur le quai d'un port. Mais les quais ne sont pas toujours faits pour partir. Il pose ses valises, aux Portes-en-Ré, dans une petite maison blanche, dans un village tout blanc. Il est bien accueilli. C'est un Charentais, un « pays », comme on dit chez nous. Même s'il est issu d'une grande famille de Cognac, peu lui importe de savoir d'où il vient.

« Au Paradis », dans les chais où s'élaborent lentement les vieux cognacs, on laisse « le temps au temps », rappelle un autre Charentais François Mitterrand. Mais le jeune Jean Monnet brûle d'impatience. Il a l'âme d'un bouilleur de cru, d'un nomade, qui a envie de distiller sa fureur de vivre, à travers la campagne. La « Part des Anges », dans le secret des barriques, enfouies sous les toiles d'araignées, n'est pas seulement une évaporation mystérieuse, une part laissée au temps ; elle représente pour lui, l'évasion. Il ne va plus penser qu'à ça : s'évader de son cocon familial, où il a peur de s'évaporer, à petit feu, dans l'obscurité d'un chai, profond et oublieux.

À seize ans, des clients étrangers, en visite chez son père, lui parlent de Berlin, Londres, Moscou, New York. Il veut partir. Il n'a que la première partie de son bac. Devant l'insistance de Jean, son père fléchit. Il s'installe à Londres, chez M. Chaplin, un négociant en eau-de-vie et spiritueux. Il le suit dans ses bureaux, à la City, dans les clubs, les restaurants. Cette vie lui plaît. Mais son instinct de bouilleur de cru lui brûle encore les semelles.

À dix-huit ans, il veut embrasser le monde. Il s'embarque pour des pays lointains. Ce sera le Canada, tout d'abord, l'Asie, la Russie. Enfin l'Égypte, le plus fascinant de tous, le plus mystérieux, aussi. Du haut des pyramides, il contemple vingt siècles d'histoire. Il est subjugué. Mais dans les vapeurs de son âme, le distillateur a toujours soif, soif de contacts humains et de relations d'affaires, soif de grands espaces et de paysages en apesanteur. Le monde est son jardin. La Muraille de Chine s'offre à lui. Il a le vertige. Il s'enivre à Bornéo, joue à Macao, croise un cyclone dans la mer du Japon. C'est le Rimbaud de la finance. Le stakhanoviste du cognac.

Paradoxal, il aime la nature et la vie simple, mais le confort des grands hôtels le sécurise. À Londres, il descend au Ritz. Aux États-Unis, il fréquente les clubs, où il rencontre les financiers et les négociants. C'est un nomade. Il s'installe dans tous les pays, comme dans le cœur des filles : jamais pour très longtemps.

La première guerre mondiale le surprend à Londres. La ville est sous les bombes, lâchées par les zeppelins allemands. Les gens s'affolent, les chevaux ruent dans leurs brancards. Jean Monnet reste stoïque, il lui reste du chemin à parcourir. Il est dans ses voyages, comme lorsqu'il était jeune, lorsqu'il aimait l'ours blanc, dans ses livres d'enfant. Le chasseur qui veut rattraper l'ours blanc le poursuit sur toutes les étendues glacées. Jean est comme le chasseur. Il cherche l'ours blanc.

Ce n'est pas par goût du voyage qu'on devient voyageur. C'est pour trouver l'ours blanc, qui manque en chacun de nous. Après, on retourne au pays, comme le chasseur au village, comme le

Bédouin au désert, on revient aux origines. C'est pour mieux revenir, que Jean est parti.

Il est de retour et s'installe à Paris. Le temps de la guerre est un repli sur soi, il est fait de désordres économiques et sociaux, d'embrouillamini et d'incompréhension entre les gens. Jean Monnet veut les réduire. Il se sent l'étoffe d'un Grand Inspirateur. Après l'ours blanc, le chevalier blanc.

Il rêve d'une vie grandiose, éclairée de passion et de succès. Célibataire, il veut s'éclater. Pour les filles, il a un physique ordinaire, mais il est intéressant, il parle bien et a une réputation de bourgeois et de fils à papa.

Sur les bords de Seine, Léautaud a son bureau au Mercure de France tout proche et vit au milieu des chats. Il est intrigué par l'aplomb et l'aisance du jeune homme. Ils se croisent aux aurores. Deux mondes les séparent. C'est le jour et la nuit.

Il écrira sur Jean Monnet, que ce gosse de riche veut embrasser le monde, avec des goûts de luxe, qu'il a engagé un ancien garde républicain, qui lui sert de majordome, en gants blancs, en livrée et qu'il lui fait, au comble de l'horreur, promener chaque jour, en laisse : un chat.

On ne lui connaît qu'une petite bizarrerie sans importance, comme une humeur de femme enceinte, qui le prend soudain, n'importe où, à n'importe quel moment. Une irrépressible envie de chocolat le taraude, comme un mort de faim. Un caprice de midinette intéressant, quand on sait, à quel destin Jean Monnet est appelé. Chaque homme a ses faiblesses.

Chez lui, rue de Condé, Monsieur Jean reçoit beaucoup. Il fascine, on l'écoute bouche bée. Chez nous, on appelle ça de l'admiration. On est loin de l'île de Ré ! J'y viens.

De sa Charente natale, son corps a gardé l'habitude de voir le monde, d'en bas. Son physique banal, un peu fragile, ne parle pas pour lui. Alors, il devient quelqu'un, à travers ses conversations qu'il maîtrise et qui le grandissent ; à travers les sujets graves qu'il aborde avec clairvoyance et un à-propos à faire pâlir un conseiller d'ambassade et qui tiennent au bouleversement de l'Europe ou à l'équilibre du monde ; à travers les récits extraordinaires des voyages qu'il entreprend et des personnalités qu'il approche. Car si le monde bouge, l'époque n'est pas aux déplacements des personnes. Les politiques français ne quittent guère l'Hexagone. On croirait que quelque chose, chez lui, pousse de l'intérieur, une plante rare et raffinée, éblouissant toutes les autres. Une orchidée peut-être, ou quelque chose comme ça.

Mais il manque l'essentiel à Monsieur Jean. Une fleur, si belle soit-elle, a besoin d'une autre fleur pour resplendir.

On est en août, dans la fameuse année 1929, où tout peut arriver, même le bonheur (sauf peut-être à la Bourse). C'est un soir où le parfum des roses, sur les quais de Seine, se mêle à celui du jasmin. Monsieur Jean reçoit à dîner. Il convie quelques amis, René Pleven, qui sera garde des Sceaux et un couple d'Italiens. Monsieur Jean connaît bien son invité, Giannini. Il est banquier, mais il ne connaît pas sa femme.

Silvia paraît, éclaboussée par la lumière. Grande, brune, féminine, un port de reine, avec dans le regard toute la profondeur de l'Italie.

Ce qui donne tout son éclat, toute sa fraîcheur à une fleur, c'est la main habile et imprévisible du destin, qui la cueille et la fait s'épanouir.

Monsieur Jean regarde Silvia. Il a le coup de foudre. À Rimini, où elle est née, Silvia était célèbre pour sa beauté. Ses innombrables admirateurs rêvaient d'elle, en secret. Ils venaient tous, des collines environnantes et même de plus loin, de Ferrara, ou de Venise, pour la voir, ne serait-ce qu'un instant. Mais c'est Francesco Giannini, courtier dans la finance, qui a su éblouir la *mamma* et la famille. Silvia épouse donc, sans entrain, le jeune financier. Il l'emmène aux États-Unis. Aujourd'hui, c'est la première fois qu'ils reviennent en Europe.

À la fin du repas, sa décision est prise. Malgré la présence du mari, Monsieur Jean fait expédier deux douzaines de roses à Silvia. Le lendemain, lors d'un autre dîner, il la croise à nouveau et s'aperçoit qu'elle porte sur sa robe : une rose rouge. Ils se donnent rendez-vous, sur les Champs-Élysées. Elle est séduite par son charme et son attention. Tout le contraire de son italien de mari. Ils se revoient en cachette. Elle devient éperdument amoureuse de Jean. Giannini, le mari, le prend mal. Il veut récupérer sa femme. Commence alors, une invraisemblable poursuite romanesque, avec des personnages qui ne le sont pas moins. La situation demeure explosive et le mari, jaloux. Ce dernier, va les poursuivre jusqu'au bout du monde, jusqu'au bout de la terre. Comme la terre est ronde, ça continue, ça recommence sur tous les continents, pendant des années. C'est un cauchemar, un vrai.

Silvia et Jean s'enfuient à nouveau et franchissent les océans, poursuivis par des détectives, à la solde du banquier. La situation s'envenime. Ils ne peuvent rien faire. La loi italienne interdit le divorce. Jean est trop épris pour envisager, un seul instant, de rompre avec Silvia. Il y a des amours bien plus forts que la vie.

Bientôt la guerre devient mondiale. La terre est en feu. Le mari italien est du mauvais côté de la terre. Il piaffe d'impatience, au poste frontière. Il n'a vraiment pas beaucoup de chance, celui-là !

Pour Silvia et Jean, c'est une aubaine, un répit. Pour un peu, on souhaiterait que la guerre traîne encore, quelque temps.

Pendant les conflits, les centres d'attention, comme les centres d'intérêt, bougent avec la ligne de front. Les hostilités épuisent les rancoeurs. Les calamités sont réévaluées à leur juste malheur. Devant le drame des autres, le mari bafoué ne sent plus le sien. À peine se souvient-il, qu'il avait été blessé dans son amour-propre, par un éclat de rire. Pas de quoi réclamer une médaille, comme dirait mon grand-père Octave. La paix survient. Il ne sait plus pourquoi il est là, depuis quatre ans, devant le poste frontière. Son infortune a fondu, comme la neige au soleil de Stalingrad, le 8 mai 1945.

Jean Monnet lisant L'Humanité, mai-juin 1954
© *Eric Westphal, Paris. Source : Fondation*
Jean Monnet pour l'Europe, Lausanne.

La tranquillité retrouvée, Jean Monnet apprécie l'équilibre, qu'il a trouvé auprès de Silvia. Il peut se consacrer entièrement à l'objectif qu'il s'est fixé.

Convaincu que le nationalisme est une aberration, il n'aura de cesse de combattre les souverainetés nationales. La clé de la paix est là : dans l'union des peuples européens. C'est une révolution.

Jean et Silvia Monnet, début des années 50.
© *Théo Mey Source : Fondation Jean Monnet pour l'Europe, Lausanne.*

Il ne brigue aucun poste. Il n'est, ni ministre, ni député et pourtant, il jouit d'une influence politique considérable. Sa force ? Il ne cherche pas à conquérir, mais à convaincre. Son aura est aussi importante que celle de de Gaulle. « C'est l'homme d'État du monde » dira de lui John Kennedy.

En 1950, il achète une maison dans l'île de Ré. Voilà, on y est ! C'est la guerre de Corée, le monde est dans l'angoisse. Jean Monnet, lui, a déjà dépassé le problème. Il écrit de son île, où il se ressource : « Je vous écris d'un coin de landes, charmant, tranquille, paisible, où tout va lentement, comme en Charente... ainsi, je réfléchis aux problèmes du monde. »

Silvia resplendit. Elle séduit son entourage, par son esprit romanesque, spontané, non conformiste. C'est une artiste. Elle aime l'île de Ré et peint dans sa chère île. Silvia est le ciment du grand amour, dont Jean Monnet a besoin.

Tous les matins, le premier commissaire général du plan fait une longue promenade, sur les chemins de l'île de Ré. De la plage de la Conche, au bois de Trousse-Chemise, dès 6 h 30. Il a besoin de ce calme, pour ordonner ses idées.

Un jour de septembre, dans les années soixante, Jean Monnet arrive de Paris. La veille, il était à New York. C'est le début de l'après-midi. Silvia, sa femme, l'accompagne. Il a pris l'habitude de passer chez nous, à la maison de Rivedoux. C'est un fidèle. Il a envie de crevettes, de soleil et de vin blanc. Je regarde avec lui, la mer et le port. L'océan s'étale, paresseusement, jusqu'aux côtes de la Vendée. Une douzaine de cygnes se laissent dériver dans le courant chaud de la marée montante. Leur plumage blanc, poussiéreux, indique qu'ils descendent vers le sud. C'est le moment de la migration. Il y a peu de monde, sous le soleil. Le Père de l'Europe, Jean Monnet, savoure le silence.

Alexis Bouyer, de Sainte-Marie, arrive sur son vélo. C'est le plus fameux pêcheur de crevettes, dont on puisse rêver. C'est un homme grand, svelte, il parle peu. Un être exquis. Il a les yeux couleur de l'eau et la casquette, éternellement vissée sur la tête. Il sourit tout le temps. On dirait qu'il s'est construit un personnage, autour de sa joie de vivre.

Il va dans les brisants des Grenettes, chercher les crevettes roses. Il longe les écluses à poissons, pousse son filet sous les banches étroites des rochers, sous le varech. Toujours le même geste. Il a la régularité du métronome. Ce n'est plus de la pêche, c'est l'horaire des Chemins de fer. On dirait un rendez-vous.

— Allez-y, vous n'y verrez que de l'eau !

Il ne pêche que ce dont il a besoin, dans son grand jardin de curé. Du grand art ! C'est un sacerdoce. La différence est imperceptible, entre le moine et le pêcheur.

M. Bouyer confie sa pêche, à son épouse. Elle n'a pas son pareil, pour cuire les crevettes roses. Elle les cuit à l'eau de mer, avec de l'ail et du laurier. Elle a un secret. Son secret, c'est de les aérer, quand elles sont cuites. C'est là qu'elles vont pouvoir rosir.

Quand elle « a marié » Alexis, dans l'église de Sainte-Marie, Germaine est arrivée, magnifique, avec son patois rétais, sa quichenotte et ses secrets. La pêche d'Alexis lui servait de baromètre. La taille et la couleur des crustacés lui permettaient de prédire l'avenir pluviométrique. Mme Alexis lisait dans le bouillon de crevettes, aussi bien que dans le marc de café.

— Faribole que tout cela, ce n'est pas le moment de se ramollir le cerveau, coupait Alexis. Alors, il se poussait du coude, bâillait tout son saoul, se frottait le dessus des cuisses, pour se donner du courage et partait patauger, à nouveau, parmi les ronds d'écluse.

M. Bouyer pose son vélo, maintenant, à l'ombre, sous le mur blanc, toujours au même endroit. Il tend, avec le sourire, sa pêche encore chaude. Il est réputé dans le canton, apprécié, sollicité. Pour rien au monde, M. Bouyer ne porterait ses crevettes roses, ailleurs que chez nous. Nous apprécions en silence. Tant de sollicitude nous gêne un peu. Jean Monnet le félicite. Silvia se lève, lui serre la main. Il faut dire que dans l'autre siècle, un pêcheur de crevettes, c'était un grand monsieur. Dans un sourire, M. Bouyer rejoint son vélo, sous le mur blanc, et repart vers les « banches », les rochers, aux Grenettes. Toujours les mêmes.

M. Bouyer est obstiné.

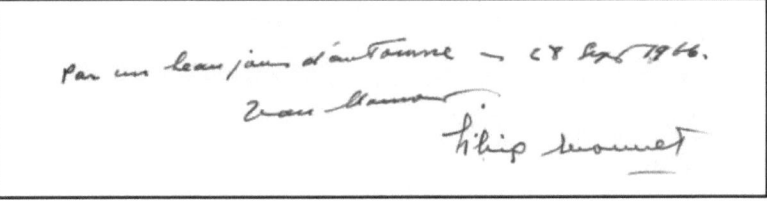

Dédicace Silvia Monnet
Collection privée de l'auteur.

De retour dans sa maison blanche, des Portes-en-Ré, Jean Monnet converse au téléphone, ou écrit aux Grands de ce monde : Adenauer, Churchill, Willy Brandt, Pompidou, Edward Heath, Henry Kissinger, Valéry Giscard d'Estaing... Il a le sens de l'action. Il est écouté. Son courage et sa persévérance font de lui un personnage hors du commun.

Depuis sa jeunesse, il a des problèmes respiratoires chroniques. À la fin de sa vie, il vient moins, dans l'île de Ré. Il respire mal. Son éternel bandana rouge et blanc, autour de son cou, ne le quitte plus. Vers la fin des années soixante-dix, une pneumonie est diagnostiquée.

Un jour de printemps, cinquante ans après son coup de foudre pour Silvia, Jean Monnet s'éteint dans sa maison d'Houjarray, près de Montfort-l'Amaury.

Dans son jardin, deux douzaines de rosiers, offerts par le Général Eisenhower, recommencent à fleurir. Une femme, à sa fenêtre, les contemple. Dans son regard, il y a toute la profondeur de l'Italie. Ce matin, la douleur l'a frappée au cœur et le silence aussi. Je crois bien qu'elle murmure :

— Ce qui enlève tout éclat à une fleur, c'est la main invisible du destin, qui la cueille et la fait mourir.

L'église de Montfort-l'Amaury, où a été tourné le film d'Henri Clouzot, *Le Corbeau*, n'est pas assez grande pour accueillir toute l'Europe des chefs d'État, qui ont pris un dernier rendez-vous avec Jean Monnet : avec l'Inspirateur, comme l'avait surnommé de Gaulle, sans se douter qu'il lui avait donné là, son plus beau titre de gloire. comme le rappelle Éric Roussel, dans sa biographie de Jean Monnet, parut chez Fayard, 1996.

Neuf ans se sont écoulés. Le 9 novembre 1988, au centième anniversaire de sa naissance, à la nuit tombante, précédés de dizaines d'enfants, représentant tous les pays d'Europe, les restes de Jean Monnet font leur entrée au Panthéon, quelques années après ceux de Jean Moulin.

L'Histoire avait façonné le bateleur, dont elle avait besoin.

La femme de chambre…

Dans les placards à linge de mon imagination, longtemps la femme de chambre de la baronne Putbus occupa l'étagère d'en haut. Ma formation à l'Ecole Hôtelière y fut, sans aucun doute, pour quelque chose.

L'autre jour, je lisais le dernier d'Ormesson. L'illustre écrivain reconnaissait comme moi une fascination amusée envers cette femme que tous, dans l'œuvre de Proust, poursuivent de Venise jusqu'à Padoue. « Cette grande fille blonde », « follement Giorgione », le fait rêver, alors qu'elle n'est que l'ombre d'une ombre, aux fugitives évocations. Un peu comme un effeuillage, rondement mené, fait monter le désir, sans jamais l'assouvir.

Cette fille, plutôt bien tournée, un rien évanescente, née des desseins de Proust, au début de l'autre siècle, représentait pour moi aussi le summum du fantasme. Ce que je trouvais séduisant, dans ce personnage de pur roman, c'est qu'il n'existait que dans l'esprit volage et fertile du récitant. La conséquence est que cette fille, aux mœurs légères et aux seins lourds, n'est jamais présente directement dans l'histoire. C'est une chimère impalpable. Un voile soulevé, juste ce qu'il faut.

Voilà l'idée que je me faisais de l'érotisme. Je me sentais un chérubin potelé ayant le diable au corps. Cela me plaisait beaucoup. Mais avais-je d'autres choix ?

L'époque n'était pas franchement licencieuse. Et je tournais en rond, sans fin, comme un papillon de nuit. Jusqu'au jour, où la photo d'une grande blonde, un rien provocante, née aussi, au début de l'autre siècle, me tomba entre les mains. L'idée, bien entendu, ne me vint pas dans l'instant, que je puisse me sentir concerné.

La concupiscence est une princesse lointaine, qu'un écart de génération ou un milieu social inadapté rend difficilement accessible.

Mais qui n'a jamais vu Solidor nue, au temps de sa splendeur, sur la plage de la Conche, n'a rien vu. Elle n'était, ni de mon temps, ni la femme de chambre de la Baronne Purbus. Et pourtant !

Ce que je sais sur Suzy n'est que le fruit d'une conversation approximative. Cette icône est une photo en noir et blanc, que les embruns de l'île ont par miracle épargnée.

Suzy Solidor

Suzy Rocher naît à Saint-Malo, au début de l'autre siècle, au temps de Picasso, de Van Dongen et de Foujita.

Du haut de son nom et de la tour, qui surplombe la ville, nonchalamment adossée aux remparts, elle rêve de voyages. Une bohémienne, au vieux châle rouge, lui prend la main et murmure « Solidor », le nom de la tour. Ce nom va la suivre, toute sa vie durant. Ses mains chassent la poussière, qui commence à engourdir sa vie, comme elle chasserait le sable, recouvrant une prédiction gravée dans la pierre.

Le destin, qu'elle appelle de ses vœux, la mène à Paris, où elle rêve en secret d'embrasser des filles et la carrière de mannequin. Rien désormais, ne viendra à bout de son entêtement. Elle fera les deux.

Le hasard — mais est-ce un hasard ? —, qui la conduit vers la capitale, lui fait croiser le chemin d'Yvonne de Brémond d'Ars. C'est une maîtresse femme. Elle n'a peur de rien, surtout pas du scandale. Elle aime les belles choses : les jolies femmes et les antiquités. Son charisme et sa célébrité bousculent les interdits et font, sur la gent féminine, l'effet d'un philtre d'amour. On ne voit qu'elle. Suzy la remarque, lors de soirées à Paris, où Yvonne brille par son autorité et son savoir-faire. Elles échangent quelques mots innocents, un regard pénétrant, sans plus.

Suzy s'active, elle voudrait devenir mannequin. Elle court les castings.

La Tour Solidor à St-Malo.
Collection Iris.
Suzy va prendre le nom du monument pour son nom d'artiste.

Ce soir-là, elle déroge aux amours féminines. Tout semble se fondre, se diluer dans la nuit. C'est la première fois qu'elle est seule avec un homme. Elle accepte son souffle, ses mains, son désir, mais elle ne dit rien, quand elle voit l'ombre muette s'esbaudir, sur le mur blanc. Elle se laisse envahir. La morsure ne doit pas être très profonde, puisqu'elle n'a pas crié. La clarté, sur le mur blanc, barbouillé à la chaux, fait apparaître un profil, celui d'Yvonne. La lueur blafarde dessine le contour de ses mains, celles-là mêmes, qui lui avaient enserré la taille, lors d'une soirée sur les Champs-Élysées. Elle n'a pas oublié le noir de ses yeux, qui s'était posé doucement, sur son corps, comme un papillon obscur, là où, dorénavant les mots n'expliqueraient pas tout.

Tableau Suzy Solidor.
Collection privée Jacques Penaud.

L'homme épuisé de désir se fraye un passage sous la jupe fendue et tout plaisir s'enfuit.

Commence alors, pour Suzy, une existence en couleur. Yvonne s'installe dans sa vie.
Suzy repense à la bohémienne, au vieux châle rouge. Elle sent le souffle chaud de la gitane, sur son oreille : « Solidor ». L'équilibre du temps se rompt. Le murmure de la vieille met des siècles à s'éteindre. Suzy reprend le mot, sur ses lèvres. Yvonne en fera son soleil et, sans le vouloir, son nom de scène. L'image, de la garçonne au physique androgyne, aux cheveux blonds et courts, dessinée par Yvonne, vient de naître.

De Sapho à Messaline

Tout ce que l'on m'a dit sur Solidor revient à ma mémoire. J'en étais resté, comme tous ceux qui ont suivi l'histoire, à la relation tumultueuse de Suzy avec Yvonne de Brémond d'Ars.

Lesbos n'est pas seulement une île accueillante, c'est aussi un apostolat sévère et rigoureux. Et Suzy n'était plus tout à fait sûre de sa vocation.

Pour rendre service à une amie, elle se rend chez le concessionnaire de voitures Packard. Il aura suffi d'un sourire du directeur pour faire chavirer le cœur de Suzy. Il avance vers elle, comme un centurion antique, à l'italienne, avec son parfum à deux boules (citron-vanillé) et ses grosses lunettes noires.

Cet après-midi-là, la malouine ne souhaite pas qu'on l'aime. Elle veut du sexe.

Se sentant de moins en moins attirée par Yvonne, Solidor lui annonce qu'elle a un amant. Yvonne ne se remettra jamais de ce double affront. Être laissée, et qui plus est, pour un homme. Elles ne se reverront plus jamais.

C'est un véritable séisme dans le milieu saphique, un peu comme si les Forts des Halles investissaient les fontaines tribades dans le Quartier Latin, là où les femmes rencontrent d'autres femmes.

Alors Solidor change de rive, en même temps que de vie. Elle passe sur la rive gauche, avec armes et bagages, son physique et les portraits que les peintres ont pris l'habitude de faire d'elle.

Elle s'installe rue Voltaire, à deux pas des lieux de rencontre des « femmes qui aiment les femmes ». Elle ouvre un magasin d'antiquités que finance son amant, le directeur de chez Packard, à l'enseigne de : *La Grande Mademoiselle*.

À l'étage, dans un vaste appartement, qu'elle décore avec beaucoup de goût, comme le lui a enseigné Yvonne, elle reçoit ses amis. Des soirées impromptues s'organisent, mi-salon littéraire, mi-cabaret. On y lit des articles, on y joue de la musique. Des artistes de renom fréquentent le lieu. Suzy lit des poèmes, de sa voix rauque, sauvage, à peine voilée. Le directeur de chez Packard, dont la présence est un rien décalée, est présenté à ses amis de rencontre. Suzy troque, sans complexe, la toge de Sapho, contre celle de Messaline. Mais cela ne dure pas. Une femme brune, belle et distinguée, arrive avec des artistes. C'est Daisy Bartholini, Baronne de Vaufreland. Elle est monégasque. Sa mère a fait sauter le petit Rainier sur ses genoux. C'est une courtisane élégante et très en vue, dans le Tout-Paris. Il se trouve qu'elle s'est mariée par accident, autant que par convenance, à un homosexuel fortuné, le Baron de Vaufreland, parce qu'il est roux et qu'elle a toujours rêvé d'avoir des jumelles rousses[1]. L'âme, exubérante et folle, de cette belle brune, à la voix grave, avait tout pour faire craquer Suzy. La Baronne finira la soirée, dans le lit de la belle corsaire malouine.

Un ami, Paul Colin fait son portrait. Il vient de l'île de Ré, où il a une maison. Il connaît bien les Casadesus. Il lui vante les charmes de cette île enchanteresse, où il fait bon vivre. Suzy s'en souviendra. Van Dongen, qui est à ce moment-là très connu, demande à Suzy,

---

1. Confidence à François Elion *in* CARBONEL (Marie-Hélène), *Suzy Solidor, Une vie d'amours*, Autres Temps, 2007.

s'il peut lui faire son portrait. À la fin de la pose, ravie, elle accepte le tableau et s'entend dire par l'illustre peintre qu'elle devrait chanter. Francis Carco, un écrivain et poète montmartrois, admirateur de la première heure, fait de même.

— Oh ! Vous croyez ?, dit Suzy, rêveuse. Piquée au jeu, elle pousse la chansonnette, des airs de marins, qui lui rappellent Saint-Malo.

En 1933, elle trouve un endroit, rue Sainte-Anne, au numéro 12. Elle fait la décoration et rassemble ses portraits. C'est une vraie galerie. Elle l'inaugure. Édith Piaf vient à l'ouverture de *La Vie Parisienne*. Alfred Mame, un ami éditeur, l'entoure de sa sympathie et dira plus tard : « Le Tout-Paris accourait, cosmopolite et débridé ».

Les peintres du monde entier se rassemblent chez Suzy. Ils veulent tous lui tirer le portrait. *La Vie Parisienne* est à l'image des femmes qui aiment les femmes. Le cabaret fait salon de thé l'après-midi, pour dames seules et club de rencontre. Jean Cocteau raffole des soirées chez Suzy et Charles Trenet s'y produit. C'est la célébrité. Chaque soir, les voitures de luxe provoquent des embouteillages, rue Sainte-Anne.

On la demande à la radio. Elle enregistre en studio. Le music-hall : l'Européen, l'engage. Le 12 mai 1933, elle conquiert un public nouveau. La voix de contralto de la grande Bretonne est connue de la France entière. C'est maintenant, l'une des plus populaires vedettes de la chanson.

Ses textes sont osés, mais chantés avec discernement. Ils plaisent, tout en restant équivoques. Elle reprend une chanson masculine, qu'elle s'approprie : « Femme, je la veux… ». C'est un triomphe. Elle engage une jolie brune, à la voix grave : Doris. Elle fera partie de sa cour.

Tableau Suzy Solidor.
Collection privée Jacques Penaud.

Un soir, Joseph Kessel présente à Suzy l'homme le plus en vue, de France : Jean Mermoz. Suzy, en bonne Bretonne, adepte du roulis, va de nouveau pencher vers Messaline. Mais cette fois, elle est éprise. Arletty est présente lors de leur rencontre : « C'est un des plus jolis couples que j'ai jamais vu danser. Elle, avec son dos nu, dans les bras de Mermoz. Quelle beauté[2] » s'exclame-t-elle ! C'est une Suzy Messaline avec le regard troublant, les yeux de braise, bordés de noir, la bouche écarlate et gourmande qui succède à la Solidor Sapho, aux épaules larges et dorées, au nez volontaire et à la voix grave et canaille. C'est Messaline, qui séduit Jean Mermoz.

En 1934, lors de rencontres artistiques, au deuxième étage de *La Grande Mademoiselle*, elle se lie d'amitié avec Mariette Lydis, une artiste peintre autrichienne. « Une femme qui aime les femmes. » La peintre va la croquer dans tous les sens du terme. Elle va la coucher sur la toile, en tenue de bain expressive, à peine visible. Un travail remarquable, tout en glacis et à la mine de plomb, qui met en valeur le corps nu de Suzy.

La même année, Dufy, qui est célèbre, n'hésite pas à faire son portrait. Ce sera une encre sur papier.

Van Caulaert, un peintre, ami de Magritte, fera de même. Suzy, parmi ses artistes est comme un poisson dans l'eau. Elle est adulée. Elle le leur rend bien. Elle entraîne le Tout-Paris aux vernissages et aux expositions de ses protégés. Suzy est de toutes les soirées branchées.

L'année suivante, en 1935, sa voix chaude et grave inonde les ondes de radio et son corps sur la scène, accroche magnifiquement bien la lumière. Il n'en faut pas plus, à la télévision qui débute cette année-là. Les réalisateurs, en quête d'artistes à la mode, vont lui proposer de participer aux premières émissions. Elle hésite un

---

2. CARBONEL (Marie-Hélène), *Suzy Solidor, Une vie d'amours*, Autres Temps, 2007.

peu, croyant que cela pourrait nuire à ses soirées. Mais bien vite, elle comprend tout le bénéfice qu'elle pourra en tirer.

La guerre la surprend, dans son cabaret *La Vie Parisienne*. C'est la débâcle. Elle doit fermer. Elle se souvient que son ami, Paul Colin, a une maison sur l'île de Ré, elle y a passé un week-end en sa compagnie l'année précédente. Pourquoi ne pas y retourner ?

En juin 1940, Gisèle Casadesus est dans le petit train de l'île de Ré, avec son fils Jean-Claude, sur les genoux. Elle voit trois voitures Packard, dernier modèle, doubler en trombe les lourds wagons, dans la montée de Saint-Martin. À peine, remarque-t-elle les cris de joie des filles et du lévrier Kaboul, à l'intérieur.

Suzy et son clan de femmes débarquent à Ré. C'est le début d'une longue histoire. Le harem de Suzy est composé de douze filles. Au bout de quelques jours, elles se crêpent le chignon. Les unes sont pour le Maréchal, les autres pour de Gaulle et les Anglais. Pour une fois, Suzy ne prend pas part à la discussion. Elle suit la plage de la Conche, en vélo, puis regagne la route, par les marais. Elle a un coup de cœur, en passant devant un vieux moulin en ruine avec un puits en son milieu. Elle retourne dans le bourg des Portes-en-Ré et se renseigne.

Le lendemain, elle l'achète. Ce sera les *Hurle-Vent*. Elle est venue pour huit jours, elle restera quarante-trois ans. C'est un endroit tranquille, qui plaira sûrement, aux personnalités du Tout-Paris, se dit-elle.

Des journalistes, des photographes, des peintres, des éditeurs vont suivre dans le sillage de la belle « vice-amiral », comme elle aimait se caractériser. Claude Rabanit, peintre et grand reporter à *Paris Match* fait le portrait de Suzy, avec une plage en arrière-plan, où se prélassent langoureusement deux sirènes, tandis que Solidor pose en grande tenue d'amiral. Son éditeur, Alfred Mame achète une maison, à côté des *Hurle-Vent*, sa fille Béatrice- France Mame, partage les goûts particuliers de Suzy. Au cours de ces soirées solidoriennes, elles se baptisent : « cousines de la cuisse gauche ».

Suzy Solidor par Alain Donnat.
Collection privée de l'auteur.

L'année suivante, en pleine guerre, Solidor brave l'occupant et vient passer l'été aux *Hurle-Vent*. Elle se baigne avec Doris, fait la fête avec Daisy, va à la pêche avec Octave et Raoul. Ces derniers lui donnent de gros coquillages, ramassés sur la plage[3]. Elle les emmène à Paris, dans sa loge au cabaret. Elle écoute la mer.

À l'automne, elle revient à Ré où Jacques et Yvonne Penaud gardent les *Hurle-Vent*, en son absence. Elle jette sur le papier, la trame d'un roman, et prend du bon temps. Les soirées solidoriennes, pleines de soleil, contrastent avec le temps maussade. Il y a du champagne, prélevé dans la réserve de *La Vie Parisienne*, pour les amis ; du whisky : du Ballantine's pour Suzy ; et du Pernod pour Daisy, qui cache toujours une bouteille dans le piano et siffle, cul sec, au goulot, le pastis pur, à chaque fois qu'elle passe dans la pièce.

Suzy quitte à regret l'île de Ré et remonte à Paris. Elle a envie de voir à nouveau les choses bouger. Elle emménage dans le 16e arrondissement, Quai de Tokyo. L'endroit est plus calme, moins populaire et surtout plus proche de l'appartement de Daisy.

Solidor a besoin de se rassurer, en séduisant. Sa bande continue à fréquenter son cabaret, rue Sainte-Anne. Des noms célèbres, d'artistes et de politiciens,

côtoient ceux des aristocrates européens en mal de reconnaissance, dans cette époque troublée.

Le prince Napoléon Louis-Jérôme a quatorze ans de moins que Suzy, ce qui le rend séduisant. Son titre de noblesse d'Empire trouble, si besoin était, le côté Messaline de Suzy et finit, à nouveau, par la faire chavirer.

Elle participe à des émissions, sur les ondes. Radio-Paris, lui assure des temps d'antenne, pour ses chansons « Le marin de mes rêves » et « Le voyage immobile », sans se rendre très bien compte que c'est la radio de l'occupant. Paris est devenu un lieu de

---

3. CARBONEL (Marie-Hélène), *op. cit.*

fête permanent et Suzy en est le centre glorieux. Le journal *Marie Claire* de l'hiver 1942 relate : « Lors de l'inauguration du théâtre, Suzy Solidor règne en grande prêtresse, du haut d'un tabouret de bar, très élégante dans une magnifique veste de vison aux manches mi-longues[4] ».

C'est dans ce contexte ambigu, que Suzy va interpréter l'une de ses plus belles chansons, qui va lui causer pas mal d'ennuis, par la suite.

« Lili Marleen », en effet, est une chanson de soldats, de soldats en guerre, en mal d'amour. Les nazis se l'approprient bien sûr, mais après la guerre, les Anglais et les Américains feront de même. C'est une chanson, qui passe le temps et les frontières.

> *Devant la caserne, quand le jour s'enfuit*
> *La vieille lanterne soudain s'allume et luit* [...]
> *Dans la nuit sombre*
> *Nos corps enlacés*
> *Ne faisaient qu'une ombre* [...]
> *Le temps passe vite*
> *Lorsqu'on est deux*
> *Hélas on se quitte*
> *Voici le couvre-feu...* [...]
> *Dis-moi Lili Marleen.*
> *Dis-moi Lili Marleen.*

« Y a qu'elle qui pouvait chanter ça, reprendra Arletty. C'est une chanson d'hommes, ce n'est pas une chanson de femmes. »

Cette chanson deviendra populaire, autant chez les Allemands, que chez les Alliés.

---

4. CARBONEL (Marie-Hélène), *op. cit.*

Solidor est incontournable, elle a du talent. Les poètes et les musiciens lui écrivent des chansons, les peintres continuent de plus belle, à faire son portrait. Plus de cent toiles maintenant, tapissent les murs et le plafond du cabaret de Suzy. Solidor est maintenant, une immense artiste, aussi bien dans la capitale, qu'en province. « À Angoulême, elle fait son tour de chant, adossée au piano, brillant comme un soleil noir. Elle avait vraiment l'air d'une figure de proue, d'une de ces statues de bois, longue et mince, amoureusement patinée par la lumière et les embruns où traînaient encore un peu d'or dans sa chevelure, un peu de rose aux joues et aux lèvres, un peu de bleu aux yeux. Immobile de tout le corps, remuant seulement la tête de droite à gauche ou la renversant en arrière d'un geste las, elle chantait de sa voix sourde, nostalgique et assurée[5]. »

Suzy, lors d'une escapade à l'île de Ré, a rencontré le peintre Chapelain-Midy. C'est un peintre important. Il est exposé aux États-Unis et réside à Saint-Martin-de-Ré. Nous sommes en 1944, la guerre touche à sa fin. Suzy pose pour lui, dans l'île, puis à Paris. Son air triste sur la toile marque toute son inquiétude, sa lassitude, face à cette guerre qui est sur le point de finir. À son ambiguïté sexuelle, elle ne veut pas ajouter une difficulté politique.

C'est la Libération, le temps des règlements de compte. C'est la période où tondre les femmes qui ont fricoté avec l'occupant est le moyen d'évacuer une culpabilité bien française. Beaucoup se livrent et s'en remettent à la justice. D'autres, comme Suzy, font front. Elle est très choquée, par la fin tragique de Drieu la Rochelle, il va se donner la mort, avouant ainsi s'être trompé de camp. Elle est effrayée de voir Arletty, envoyée en prison comme une criminelle.

On apprend, pendant l'instruction du procès qui est intenté à

---

5. Texte de Pierre Bartalier, catalogue de la donation Solidor, cf. CARBONEL (Marie-Hélène), *op. cit.*

Solidor, qu'elle fréquentait assidûment les résistants, par l'intermédiaire du prince Napoléon. Des juifs certifieront que Suzy leur a procuré de faux papiers durant l'hiver 43, pour fuir en Suisse. C'est une bombe dans le microcosme parisien. Personne n'avait pensé que Suzy Solidor ait pu se comporter comme une Mata Hari. Pour sa défense, elle explique : « Le jour dans les bureaux, les Allemands écoutent et ne disent rien, mais la nuit venue et le champagne aidant, à *La Vie Parisienne*, ils parlent. » On ne peut lui reprocher de faire du marché noir, comme beaucoup, puisqu'elle n'a pas de restaurant. Même Daisy certifie qu'elle a vu Suzy en relation avec la Résistance. Elle conclut : « au lieu de l'enquiquiner, vous feriez mieux de la décorer. »

Mais l'occasion est trop belle pour l'Épuration, de faire un exemple. Son cabaret va ainsi, être fermé. Suzy se tourne alors, vers ce qu'elle a de plus cher. Ce pays où on ne la juge pas, où elle va se ressourcer : l'île de Ré. Ses amis rétais respectent son silence. Elle fait de longues balades derrière les *Hurle-Vent* dans les marais d'Octave. Aux Portes-en-Ré, les Penaud la soutiennent dans cette épreuve. Auprès d'eux, elle va se reconstruire. Étant sous le coup d'une fermeture administrative de plusieurs mois, elle chante une dernière fois, dans son cabaret, rue Sainte-Anne. C'est le 11 Novembre. Elle reprend, comme ultime combat, sa célèbre chanson : « Escale » ; puis elle ferme la porte.

Son impresario, Arthur Lesser, qui est aussi celui de Piaf et de Chevalier, la suit aux Portes-en-Ré. Le lendemain, devant des huîtres et du whisky, il lui parle d'une tournée aux U.S.A : – Ça vous amuserait de chanter à New York ? Naturellement Suzy refuse. Il y a Daisy, Kaboul, et puis elle n'aime pas prendre l'avion. Le surlendemain, Suzy l'emmène à la Conche. Cette plage, qui s'étend à l'infini, l'aide à prendre ses grandes décisions. Elle a une idée : « D'accord, j'emmène mes tableaux. On fait une exposition. »

Elle a surtout envie de reproduire l'ambiance interlope de son cabaret.

En Amérique, le succès est fulgurant, inimaginable.

Beaucoup de personnalités new-yorkaises n'ont jamais mis les pieds dans « ces boîtes à marins », que l'on trouve dans le quartier des docks. Mais là, ce sont des invités en smoking, qui boivent du Champagne de France, qui viennent applaudir Solidor.

Suzy chante au *Versailles*, le cabaret le plus en vogue de New York. Jean Monnet, à la fin de la guerre, fait plusieurs séjours aux États-Unis, avec Silvia. Ils viennent applaudir au *Versailles*, une compatriote, qu'ils apprécient. Un court entretien dans la loge s'ensuit. Suzy a le temps de glisser un mot à Jean Monnet et de dire toute sa nostalgie d'être loin de son pays et de l'île de Ré où elle a une maison, entre dunes et marais. Jean Monnet est touché qu'on lui parle de ses chères Charentes et promet à Suzy d'aller lui rendre visite aux Portes-en-Ré, quand son exil sera fini.

Suzy est littéralement adulée par les Américains, qui comprennent, en découvrant « Lili Marleen », combien ils se sentent proches de cette chanteuse hors normes, extravertie et novatrice. Combien elle sait s'approprier leur tempérament aventurier de cow-boy. Combien ils admirent, l'élégance « So Paris », de ses robes de couturiers. Elle pose pour des magazines, personne ne fait état de ses démêlés avec la justice expéditive et tatillonne de son pays. Une invitation à se produire au *Club de l'Opéra* lui donne l'occasion, en décembre 1948, de revenir à Paris et de voir si on ne l'a pas oubliée, et surtout de retrouver son club de femmes et sa maison de l'île de Ré. Le seul pied-à-terre qui compte aujourd'hui, pour elle.

Son contrat au *Versailles* de New York a été renouvelé, pour près d'un an. Elle revient donc, le cœur léger, pour une seconde tournée américaine.

Suzy prend le paquebot *América*, à bord duquel elle sera choyée comme une reine. Suzy emporte dans ses bagages de nouvelles robes de grands couturiers. L'une d'elles, parée de fils d'or, lui vaudra la une des magazines d'outre-Atlantique. Une tournée canadienne est au programme. Elle va charmer les Canadiens, avec son accent « parigot » et ses chansons de marins de Saint-Malo, qui leur rappellent leurs origines bretonnes et gauloises. Mais Paris, l'île de Ré, lui manquent avec ses plages à perte de vue ; les balades en vélo ; les soirées avec les amis ; la pêche aux crevettes dans le Fier d'Ars avec Octave et Raoul ; et les couchers de soleil, dans les marais derrière les *Hurle-Vent*.

Hurle-Vent, la maison de Suzy Solidor.
Collection privée.

Elle rentre en France, cette fois définitivement. Le *Club de l'Opéra*, le cabaret en vogue, lui propose sa scène. Suzy, plus sublime que jamais, a beaucoup appris de ses expériences américaines. Quand elle se produit, elle descend dans le public, entre les tables. Elle n'a pas son pareil, pour jouer avec les spectateurs. Sa démarche chaloupée électrise la salle. Ses amis Cocteau, Trenet et Daisy bien sûr, la poussent à s'installer définitivement, à Paris.

Après un séjour aux Portes-en-Ré, en compagnie de Doris, la brune de ses débuts, rue Sainte-Anne, de Daisy et de Paul Colin, son fidèle conseiller, Suzy prend la décision de rouvrir un lieu. Ce sera l'ancien cabaret de Jean Rigaud, qui se trouve vacant : *La Boîte à Sardines*, rue Balzac. Elle changera le nom, en: *Chez Suzy Solidor*. Elle ressort ses tableaux et en tapisse les murs. Plus de cent vingt-trois peintres, à ce jour, ont fait son portrait. Elle choisit les plus talentueux. C'est à nouveau le triomphe. Un jeune artiste débute chez elle : Léo Ferré. Il va lui écrire des chansons, pour le moins téméraires, comme Léo sait les écrire, osées et sans vergogne, et puis écrire aussi « Merde à Vauban » sur le bagne de l'île de Ré. Le style Solidor est de nouveau dans l'air du temps et ses chansons sont sur toutes les lèvres.

Suzy deviendrait-elle raisonnable à défaut d'être sérieuse ? Durant le printemps 1949, elle demande à acheter un caveau au cimetière, pour Daisy et elle-même. Le conseil municipal des Portes-en-Ré lui concède un espace de quatre mètres carrés, au cimetière du village. En juillet 1950, elle signe l'acte. À cette même date, Jean Monnet et Silvia viennent voir Suzy, dans son repaire du bout du monde. Jean Monnet est séduit par l'endroit et va acheter une petite maison blanche, non loin de là. Silvia et Jean se joignent à la bande à Suzy, avec Gisèle Casadesus, Paul Colin et Alfred Mame, l'éditeur. Les soirées solidoriennes — quoiqu'un peu moins débridées — reprennent à l'*Auberge Rétaise*, à Ars et sur le port, à Rivedoux, chez ma mère Émilienne. Les fruits de mer s'étalent sur les tables. On y goûte la mouclade à la crème, dont raffole Suzy et Daisy, on y boit le vin blanc de l'île du vigneron local, sans oublier les crevettes roses, qu'Alexis Bouyer apporte en vélo, de Sainte-Marie et qui sont appréciées par Silvia et Jean Monnet. C'est comme un retour aux sources, une cure de jouvence, avec son petit chien Cyprien, qui a remplacé le vieux Kaboul des années d'avant-guerre. C'est à cette époque, que Jacques Mareuil, parolier en vogue, va dans l'île de Ré composer pour Suzy, deux chansons nostalgiques. L'une, « Brume », qui va devenir la référence, dans son nouveau cabaret de la rue Balzac et l'autre, « Trousse-Chemise », que Charles Aznavour, lors d'un passage chez Suzy, aux *Hurle-Vent*, va adapter en musique avec le succès que l'on connaît.

De retour dans son cabaret, de la rue Balzac, Suzy continue de charmer son public parisien, malgré les nouveaux chanteurs qui menacent de donner un coup de vieux à son tour de chant. Le peintre Francis Bacon est ravi de faire, à sa manière, le portrait de Solidor. Mais devant le résultat un peu trop moderne, Suzy revendra le tableau de l'artiste. Elle commence à se sentir décalée.

Elle passe de plus en plus de temps à Ré. Elle se consacre aux nuits Solidoriennes [6] avec sa cour de femmes. Elle retrouve Daisy la fidèle, Doris la brune pathétique, qui maintenant a une autre amie ; Axelle, sa secrétaire et Paulette, sa femme de chambre. Elle rencontre son ami et voisin de l'île de Ré, Alfred Mame. L'éditeur parisien reçoit régulièrement son neveu : Gonzague Saint Bris, qui va devenir le célèbre écrivain que l'on connaît.

Solidor souhaite maintenant, se retirer des affaires, vendre son

6. *Nuits Solidoriennes* : inconnues dans le Larousse.
    Je n'ai pu obtenir plus de détails, mais il semble que l'on parle, ici, de soirées agitées, redoutable question d'intempérance ; soirées particulièrement épuisantes, côté saphique.

cabaret parisien et partir. Elle a fait son choix. L'hiver, ce sera la Côte d'Azur ; les beaux jours ce sera l'île de Ré.

De passage à Monaco et aux environs de Nice, où Daisy a ses entrées, Suzy découvre un nid d'aigle sur une colline, qui surplombe la Méditerranée : le Château de Cagnes et son vieux village. Brigitte Bardot y séjourne avec son mari Jacques Charrier. L'actrice tourne avec Henri Vidal, un film aux Studios de la Victorine. Suzy apprécie le calme et la célébrité de l'endroit. Elle a envie de ça, si elle quitte Paris. Sa maison des Portes-en-Ré est un peu trop isolée, en hiver.

Sur la place du Château de Cagnes, Suzy va acheter une vaste maison avec, en rez-de-jardin, une pièce qu'elle aménage en magasin d'antiquités. Daisy l'accompagne. Dans la maison voisine : *La Tour Margot*, Doris et Nine sa compagne, s'installent.

Ses anniversaires sont le prétexte à des fêtes de folie. Suzy se déhanche. Sur son corps nu, sa robe largement échancrée semble, à chaque pas, glisser jusqu'au bas de ses reins, prête à être reprise, par la suite, du bout des doigts et lâchée au-dessus des coussins, si on lui demandait.

Les habitants du vieux bourg, d'abord surpris, adhèrent et c'est une Suzy Solidor, trônant dans un fauteuil en osier, dans le plus pur « style Emmanuelle », qui va présider dorénavant les soirées Cagnoises sur les bords de la Méditerranée.

De là, à refaire un nouveau cabaret, il n'y a qu'un pas ou plutôt qu'un escalier : celui qui mène de la placette du Château à une cave voûtée. Suzy inaugure l'endroit en grandes pompes avec, accrochés aux murs, plus de cent tableaux la représentant et l'accompagnant dans son tour de chant. Bien sûr, les robes ont toujours leur éclat, mais leurs coutures cèdent, sur les rondeurs exponentielles de Suzy. Dans son nouveau port d'attache, Suzy se présente en costume de vice-amiral (vice, elle tient à ce titre qu'elle dit avoir chevillé au corps). En bonne descendante de corsaire malouin, elle se noie dans le whisky, son Ballantine's, tandis que Daisy lui fait écho avec sa bouteille de Pernod, qu'elle écluse cul sec, comme elle dit.

Suzy a pour Daisy les yeux de Chimène perdus dans les vapeurs d'alcool.

Carton Suzy Solidor chante chez elle
Collection privée de l'auteur.

Mais elle est aussi, comme cet arbre, qui enlace d'une branche, d'un geste ample et pénétrant, cet autre conifère à ses côtés. Un arbre un peu plus jeune, mais en tout point semblable à lui, même allure dans le vent, même espèce, même feuillage. Cette branche, c'est comme une main qui s'avance, une attirance qui bruisse avec la brise et croît avec le temps. Cela s'est fait comme ça, sans préméditation aucune, ni besoin, ni emportement. Il peut regarder d'autres arbres, bien sûr, d'autres soleils et aussi voir d'autres rivages, mais il ne peut en aucun cas s'éloigner de son arbre. Cet amour-là est indéracinable. Suzy est pareille à l'arbre, elle ne peut pas s'éloigner de Daisy, elle ne veut pas pour autant l'étouffer, ou faire écran à son soleil, même avec une poignée de mots, une poignée de feuilles. Il y a toujours trop de mots pour s'entendre. L'amour d'Yvonne de Brémond d'Ars découlait de cette violence.

C'est une Daisy proche de Suzy, mais aussi, indépendante et discrète, qui assiste aux nuits solidoriennes. Elle loge dans le petit hôtel *Le Grimaldi* sur la place du Château. Mme Perrouty, la jeune propriétaire lui sert son petit déjeuner dans sa chambre et le soir au comptoir, un 102 (un double pastis que s'appropriera, plus tard, Serge Gainsbourg). Le clan Solidor occupe tout l'espace. Les Pagnol viennent de leur Provence, Betty et Georges Ulmer, Petula Clarke, Alfred Mame, Mouloudji, Jacques Médecin, le futur maire de Nice, tous participent à ces fêtes débridées, que reprendront ensuite, les noctambules de Saint-Tropez. Solidor, la Malouine, immortalisera ces nuits festives, en baptisant d'autorité les escaliers qui descendent à son cabaret : « rue Surcouf ».

Vêtue d'une robe ample qui lui tombe jusqu'aux chevilles, elle tente de cacher ses rondeurs, qui lui ressemblent si peu. Elle chante parmi ses portraits, comme au milieu d'une garde rapprochée. La blancheur crue du faisceau de la poursuite accompagne sa silhouette de chrysalide, prête à éclore d'un papillon de lumière. Sa voix grave de contralto célèbre est toujours aussi présente et semble faire revenir l'assistance trente années en arrière. Les quelques fidèles, dans la salle, pressentent que bientôt, le rideau va tomber.

Les tableaux de Van Dongen, Dufy ou Marie Laurencin, semblent soudain s'ébrouer et surgir du passé. Ils semblent ne pas avoir vieilli. Les portraits de Suzy ont gardé la fraîcheur d'antan. Ils sont beaucoup plus jeunes qu'elle ne l'est, aujourd'hui. Ne sont-ils pas beaux ? Ne lui ressemblent-ils pas ? Voyez le regard, les yeux, le même nez de corsaire malouin. Et l'expression du visage, regardez bien ! Ce sont ses enfants. Les enfants qu'elle n'a pas eus. Le regrette-t-elle ? Peut-être. Mais la parole vide, de sa progéniture colorée et encadrée, est sans conséquence. C'est à sa descendance, à cette autre elle-même, à laquelle désormais, elle s'adresse.

La première chose qu'elle fait est la donation de ses tableaux au château de Cagnes. Comme si elle plaçait ses enfants en famille d'accueil, avec la promesse de ne jamais disperser la collection. On ne sépare pas une fratrie. Cela fait, elle s'occupe de son testament : protéger Daisy et récompenser quelques bonnes âmes qui gravitent autour d'elle. Et puis elle se ressert un Ballantine's, pour noyer le pathétique qui gronde tout au fond d'elle.

Les mois d'été à l'île de Ré semblent bien sages en comparaison de la vie tumultueuse de Suzy au château de Cagnes. Elle a soixante-six ans. Elle perd sa mère. Celle qui dans l'ombre de la tour Solidor à Saint-Malo, l'avait toujours soutenue. Sa décision est prise, le temps des cabarets est révolu. Elle arrête.

Place au magasin d'antiquités. Les soixante-dix chaises de *Chez Suzy* qui en ont vu de toutes les couleurs siégeront désormais, dans l'église de Cagnes, sous d'autres volutes et d'autres chansons. Maintenant elle se tient, dans son échoppe de brocante et d'antiquités, dans un vieux fauteuil, en attendant que les souvenirs passent la voir.

*

Bien des années plus tard, à la fin des années soixante, je suis à Monaco, où je m'échoue régulièrement, tous les hivers. Je distribue, dans la Principauté, les huîtres de l'île de Ré. Je reçois, un jour, un coup de fil me demandant de livrer une bourriche à Mme Solidor, antiquaire, 12, place du Château à Cagnes-sur-Mer.

Suzy Solidor, le mythe vivant des Années folles, me demande en personne. J'éprouve une sensation bizarre, mêlée d'excitation et de crainte, comme si la femme de chambre de la baronne Putbus m'apparaissait brusquement et me prenait par la main.

J'arrive sur la place du Château. Au fond, la boutique, au numéro 12. Je traverse le jardin, qui précède l'entrée. Rien ne ressemble moins à une brocante que ce magasin d'antiquités. Dans un fauteuil, une femme, aux cheveux de lin, trône au milieu des bibelots et des tableaux. Je reconnais Suzy Solidor. Dans mon délire, ce n'est plus la camériste, mais la baronne Putbus, elle-même, qui semble m'accueillir.

Je me sens tout à coup, comme le provincial ébaubi qui monte à Paris : étonné d'être là.

C'est ainsi qu'un après-midi d'hiver, peu avant Noël, je débarque au Château de Cagnes avec une bourriche d'huîtres dans les bras. Je suis accueilli par la voix tonitruante de Suzy qui, un verre de whisky à la main, hurle après son chien Cyprien qui bondit entre mes jambes, en aboyant. Je pousse la porte du magasin. Dans son fauteuil, à l'entrée du bazar d'antiquités, elle paraît monumentale et si fragile, quand elle se lève et s'avance dans le soleil.

Daisy est à côté d'elle, recroquevillée sur une chaise. Elle semble exténuée, avec son gros cigare fumant, au bord des lèvres. À ses pieds, le goulot d'une bouteille de Pernod émerge d'une corbeille de fleurs.

Que peuvent se dire ces deux vieilles jeunes filles, à l'ombre de ce château médiéval ? J'ai l'impression de franchir les portillons d'un saloon, en pleine guerre de prohibition, face à deux Calimity Jane, encore en état de marche.

Tout de suite, les rapports sont cordiaux. J'ai parlé de l'île de Ré, d'Octave, mon grand-père, de ses marais derrière les *Hurle-Vent*. Son regard malicieux s'éclaire. l'amiral Solidor me lance, comme à l'abordage : — Assieds-toi mon gars et bois un whisky.

Pendant quinze ans, chaque vendredi ou presque, durant les mois en R, j'ai ouvert des huîtres de l'île de Ré, sur une vieille table de bistrot, dans le jardin, devant le magasin d'antiquités, sur la place du Château de Cagnes. Rituel auquel ni Suzy ni moi ne dérogions, pour rien au monde. Même si parfois, elle les accompagne de whisky, plutôt que de vin blanc de l'île de Ré, que je lui apporte. Ces moments sont précieux.

À l'image de sa compagne, Daisy grossit terriblement. Elle reste néanmoins, cette petite dame amusante et imprévisible, toujours prête à la farce et à rire aux quatre cents coups de Suzy. Elles préparent avec soin leur escapade de l'été, aux Portes-en-Ré. Cela reste leur grande affaire, maintenant. « L'île de Ré et moi, c'est une histoire d'amour », confiera-t-elle, au soir de sa vie à Mme Barriel, correspondante de presse à *Sud-Ouest* et au *Phare de Ré*. « J'y suis venue huit jours, j'y suis restée quarante-deux ans ».

La maison des *Hurle-Vent*, aux Portes-en-Ré, est toujours prête à les recevoir. Mme Penaud et son mari entretiennent la propriété, comme si c'était la leur. Suzy finira par leur donner en viager.

Le 30 mars 1983, à 20 h 30, à l'heure où les artistes s'apprêtent à rentrer en scène, Suzy tire sa révérence, à ce monde de paillettes et de joie de vivre qu'elle aimait tant et à ce conte de fées qu'elle vécut avec l'île de Ré.

Les « People peopolarisés »

Durant une jeunesse tumultueuse, qui me laissait présager les pires ennuis, j'ai cultivé ce paradoxe (mais étais-je le seul ?) d'aimer ce qui m'était étranger et de détester ce qui m'était proche. Ce que je fuyais, je l'avais à portée de la main ; d'autres, avec plus de talent peut-être, s'en sont contentés. Pouvais-je l'ignorer, au point de ne pas en parler ?

En tout cas, pour moi, ce fut une révélation de savoir que l'on pouvait aimer l'île de Ré, au point d'y revenir, toujours. J'aime la simplicité de ce mot révélation. Il traîne derrière lui, des relents de secrets bibliques, comme une odeur de pomme dans l'ombre d'un grenier, comme une bouffée d'iode au détour d'une dune. Et si c'était ça, que les premières personnalités venaient chercher dans l'île de Ré. Passons !

J'avais besoin de cette tranquillité, un peu comme ce calme qui s'invite après une tempête. Vous allez me dire : voilà une sortie plutôt désinvolte, pour un auteur qui grimpe aussi facilement, sur le dos d'autrui !

J'entends déjà les sceptiques, à la vocation contrariée de Sœur Sourire, murmurer : — Il a parlé des autres, pour ne pas parler de lui.

L'argument peut sembler puéril et s'apparenter à un coup bas. Il l'est ! Mais dans le cas contraire, qu'aurais-je bien pu raconter sur ma vie ? Jusqu'à quel point aurais-je pensé intéresser quelqu'un ?

Les célébrités qui nous accompagnent depuis le début sont toutes des personnages de roman. Elles ont pour elles l'exception de leur vie et leur parcours atypique ; elles sont tour à tour, légères, parfois profondes, discrètes, mélancoliques ou exubérantes.

Ce n'est pas par hasard si des peintres ou des écrivains quittèrent Paris pour un temps et suivirent la Bande des Montmartrois, de Nucéra et de Marcel Aymé. Ce n'est pas le renom de l'île de Ré qui les fait venir. D'ailleurs, ni l'une, ni les autres, ne sont suffisamment connus. Et ce ne sont pas trois tringlots, en rupture de banc, plutôt mal rasés, qui trempent, plus souvent qu'à leur tour, leurs pinceaux dans la gnole et le Bourbon, qui vont lancer une mode ou parfaire une réputation. Non, cela s'est fait plus subtilement.

C'est le calme, cette impression d'aller au bout du monde, dans le silence d'une mer, tantôt bleue, tantôt verte, qui attire les premiers aventuriers vacanciers.

C'est un pays où ils découvrent que le luxe a un goût de noisette et se ramasse à marée basse, dans les parcs à huîtres. Où le bonheur a une senteur d'algue et de sable quand ils retournent les pommes de terre rôties, dans la braise de la cheminée. Où la volupté, c'est de lâcher le guidon du vélo, d'étendre les bras et d'avoir la sensation de toucher les deux bords de l'île, au passage du Martray, avant la construction de la grande digue.

Ceci tient d'abord à sa dimension. Les autres îles, sont plus grandes. Ici, on ne peut faire plus de deux kilomètres, sans apercevoir la mer. D'autres encore, sont plus petites et ont de la difficulté à créer une entité. Ré a dix villages. Aucun ne ressemble à un autre : avec des ports, des plages, des vieux villages, des monuments.

C'est aussi une île de poupée, que découvre la petite Gisèle Casadesus, avec son train, ses moulins et son tambour municipal.

Il passe, tous les jours, dans les rues du village en criant « Avis à la population. » C'est une île avec un vrai prince : Souvanna Phouma, Premier ministre du Laos, il réside à Saint-Clément. Entre deux renversements de gouvernement, deux descentes du trône, il s'entraîne en serrant des mains, sur la place de l'église.

C'est une île, vierge de touristes avec des plages immenses et des marais plein d'oiseaux, que découvrent le jeune Philippe Sollers et Suzy Solidor. Un vrai repaire pour les Robinson qui sommeillent en chacun d'eux.

Une île qui a un vignoble de poche, l'un des plus petits de France, et qui peut s'enorgueillir d'avoir aujourd'hui, parmi ses résidents, le meilleur sommelier du monde, mon ami Jean-Luc Pouteau.

À quelque endroit que l'on soit, tout se raconte dans un seul regard. Sur la piste cyclable, au moulin à marée de Loix : le phare des Baleines, le clocher d'Ars, l'église de La Couarde et les dentelles de celle de Saint-Martin, tiennent dans le creux d'une seule main.

C'est pour toutes ces raisons, que j'ai détesté si longtemps cette île qui me paraissait endormie et ce sont, ces mêmes raisons qui me la font aimer aujourd'hui. Va comprendre Charles !

À cette époque, il n'y a pas de notion de riches ou de pauvres, de connus ou d'inconnus. Cela n'a aucun sens, quand on a peu de journaux. Tout le monde roule en vélo. Il n'y a pas de mode. Tout juste, en y regardant de plus près, peut-on apercevoir le hâle discret des cuisses et des visages, sous le bouffant des robes ou sous les chapeaux.

C'est l'époque de l'insouciance et du partage. Les maisons n'ont pas de clés dans les serrures. La porte reste ouverte.

Le temps et la distance n'ont pas la même valeur qu'aujourd'hui. Il faut attendre les bacs, pendant des heures, il n'y en a pas la nuit.

Le téléphone est coupé le soir. Les seules valeurs qui ont cours sont celles des produits du cru : les huîtres, les crevettes, le pineau. Ils ne voyagent pas, ou peu. Il faut venir les chercher, les désirer. En retour, on a la reconnaissance du ventre et le sourire de l'amitié.

Voilà l'état d'esprit des premiers estivants et des habitants de l'île de cette époque. Il n'est qu'à relever le bulletin de l'association des Amis de l'île de Ré, de février 1969 :

« L'on entend déjà dire l'hiver, à Paris, que l'Ile de Ré, c'est beaucoup plus reposant, beaucoup plus amusant – on n'ose pas dire, plus brillant, ni plus chic – que Saint-Tropez [...] Il faut pour s'y plaire garder des goûts naturels. [...] Certains prennent plaisir à se vêtir sinon de loques, du moins de chandails délavés, de vêtures passées au soleil [...] Et le rêve de tous est de rouler avec un vieux vélo rouillé. »

Ainsi, culturellement, les people et les Parisiens se sentent plus proches des Rétais.

C'est le cas aujourd'hui de Régine Deforges, Charles Berling, Richard Texier, Hélène Carrère d'Encausse, Michel Piccoli, Patrick Bruel, Vincent Lindon, Fabrice Luchini, André Dussollier et bien d'autres.

Dans les années soixante, la notion de people était un concept assez vague. On les appelait plutôt des vedettes. Pour accéder au rang de vedette, dans l'île, il valait mieux faire partie des gens du théâtre. Ils donnaient l'apparence d'une troupe de comédiens qui ferait relâche les mois d'été sur le port d'Ars. Bernard Giraudeau, Gérard Hernandez, Jean-Loup Dabadie le nouvel académicien, Patrick Chesnais, Nicole Garcia, tous brûlaient les planches de La Bazenne aux Portes-en-Ré, Claude

Rich également. Aujourd'hui, ce dernier promène sa silhouette élancée, d'éternel jeune premier, dans les ruelles de l'île, avec cette malice qui perle au coin de ses yeux rieurs et ces mots de théâtre qui semblent attendre, comme une pâtisserie, qu'on les délivre de son sourire gourmand.

Cela fait trois décennies que le comédien a découvert l'île. C'était l'époque des bacs. Il venait la semaine se reposer dans sa maison du bord de mer. La veille des week-ends, il rangeait ses tongs et s'empressait d'aller chercher Catherine sa femme, qui arrivait par le train de Paris et le dernier bateau qui faisait la navette avec l'île.

Claude Rich passait grignoter à la maison, sur le port de Rivedoux. Il guettait à travers les fenêtres, les lumières dans l'obscurité. Au loin, celles des flèches des grues de La Pallice, et plus près, de l'autre côté de la baie, les projecteurs de l'embarcadère qui distillaient d'étranges faisceaux blafards dans la perspective d'un bac, qui tardait à se présenter.

Quand la vieille carcasse rouillée heurtait le portique de l'appontement, les lumières chancelaient. C'était le signal. Le bac était là.

Claude Rich, repoussait alors sa chaise, se dépliait dans son sourire, auquel tout son corps obéissait et s'excusait d'un geste de la main. Il partait chercher Catherine.

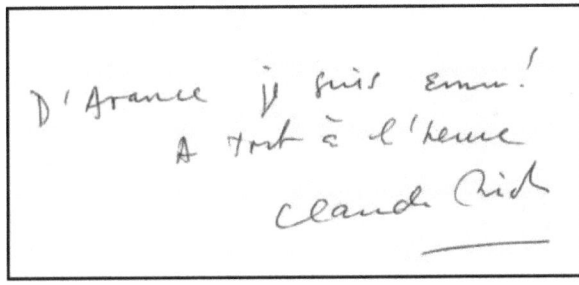

Dédicace Claude Rich

À leur retour, le repas enfin, pouvait commencer.

Dans cet aperçu des célébrités, je ne voudrais pas oublier Jean Richard. Il venait chaque printemps à la maison, avec Georges Simenon, préparer les tournages de leurs prochains téléfilms policiers : les Maigret.

Marthe Villalonga est aussi une amie. Cette pétulante actrice, à l'accent chantant, est particulièrement rétive à la surmédiatisation. Je crois savoir que les soirées mondaines, un peu trop « prout prout » ont toujours été pour elle, une abstraction croquignolesque. Au brouhaha des salles surpeuplées, elle préfère les coins de salon tranquille. Là, elle s'adonne à son sport préféré : le tricot. Elle manie le crochet comme elle joue sur les tréteaux : une réplique à l'endroit, une maille à l'envers. Marthe aurait pu faire carrière comme remmailleuse d'exception ou mieux encore dentellière, à l'exemple de celle du tableau de Vermeer.

Marthe Villalonga et Daniel Bernard.
Collection privée de l'auteur.

Dédicace Mathe Villalonga
Collection privée de l'auteur.

Paparazzi

J'ai connu mon ami Pignon, sur les bancs de l'école. Aujourd'hui il est photographe au journal *Charente-Matin* et paparazzi à ses heures. Il ne rate pas l'occasion de me rappeler que son journal *Charente-Matin* dit toujours du bien de *Charente-Matin*. Son autosatisfaction ne m'étonne plus. C'est Alain Delon qui dit du bien d'Alain Delon. On n'est jamais si bien servi que par soi-même.

Je considère Pignon comme un artiste, dans son genre, même s'il manque parfois de discernement et surtout de légèreté. C'est dire combien je suis sensible aux bons mots d'acteurs, ceux qui, nets et précis, touchent en plein cœur. C'est à ça que l'on reconnaît les grands assassins et les bons comédiens.

Un jour, il m'entraîne dans une de ses équipées dont il a le secret. Je saute à l'arrière de son scooter. Sous son casque, Pignon a la tête d'un écureuil qui cacherait ses noisettes dans ses joues. Il vient d'être averti par un informateur qu'une star du X a débauché un conseiller municipal du village. L'actrice porno donne une conférence de presse au bar de la plage. C'est l'effervescence.

Durant le trajet, Pignon conduit en me criant à l'oreille : tous ces people sont, pour les gens ordinaires, autant de tremplins vers l'inaccessible. Grâce à ces acrobates des tréteaux et de la pellicule, nous approchons du romanesque. Pignon va même plus loin, il soutient qu'il est, chaque fois, décontenancé par la présence d'un acteur connu, autant que l'on peut l'être par le désir d'une femme. Philosophe, Pignon conclut en hurlant à travers son casque, tout en tournant la tête dans ma direction : j'ai toujours eu envie de pénétrer, à contrechamp, dans les existences des célébrités. C'est du vif-argent. C'est bien plus excitant que la face lisse qu'ils nous offrent sur papier glacé. Le fin de l'histoire, me dit-il, c'est d'entrevoir l'exception devant mon objectif, cela me fascine.

Daniel Bernard avec Michel Galabru
Collection privée de l'auteur.

En équilibre instable sur le siège arrière du scooter, je me cramponne à Pignon et décide de lui laisser l'entière responsabilité de ses propos.

Il n'empêche ! Pignon est devenu à mes yeux un cas d'école, une star inversée. Il est partout, il connaît tout le monde et personne ne se souvient de lui.

Fasciné, je suis devenu accro, shooté grave à Pignon. Pensez donc ! Avoir une star bien à moi, même à l'envers, j'en mesure la rareté. J'ai un autographe de lui au bas d'un de ses clichés volés. Je l'ai punaisé dans ma collection inavouable, de photos de femmes nues, au-dessus de mon lit.

Aujourd'hui, je sais. Je suis entraîné dans le tourbillon des people moi aussi, comme Pignon, on peut le croire, puisque je me raconte, puisque c'est moi qui tourne les pages où je parle d'eux.

Alors ! Ré, le Saint-Tropez de l'Ouest ? Pas si sûr ! Plutôt une île à part. Le prestige d'un endroit comme l'île de Ré dépend entre autre, des personnalités qui la fréquentent. La magie de cette île est de dissoudre les identités des gens connus, comme disent aujourd'hui les reporters, enfin rassasiés de sensations fortes. De quoi se plaint-on ? Contrairement à Deauville ou à Cannes, les people se noient dans l'anonymat et dans le pineau du *Bistrot de Bernard*.

Je ne peux les citer tous, il n'y aurait pas assez de verres pour tout le monde.

Chez soi, on appuie sur la télécommande et les gens connus entrent dans notre salon. À force de les recevoir sur notre canapé, on finit par parler comme eux, par s'habiller comme eux, on copie leurs tics, on respire leur parfum. Ils nous appartiennent. On contemple l'Océan et la mer est à nous.

Les people ont été « peopolarisés ». Ils sont devenus banaux comme nous.

À La Madeleine de Proust

Franchement, me dit un jour Pignon, en sortant de sa torpeur (une overdose de lyrisme abyssal, l'avait cloué quinze jours au lit, comme une mauvaise grippe, « du côté de chez Swann »), il méritait mieux le Grand Écrivain, condamné à la recherche d'un temps, qu'il croyait perdu.

Dubitatif, je laissai continuer mon ami, visiblement en proie à un délire prosaïque de magnitude 7.

Franchement, reprit-il de plus belle, en me clouant d'un regard inquisiteur : il eut été plus inspiré de venir le chercher, du côté de chez nous, dans ces marais de l'île, où Pierre, ton héros du *Saunier de Saint-Clément* trouvait qu'ici :

> Le temps n'est pas perdu, il s'invente un visage.
> Devenir herbe folle, au moment de verdir
> Et fêter le printemps, au moment du désir
> Pour que le vent caresse un rêve de voyage.
> Mais ce voyage-ci est immobile et plat
> Avec cette impression d'aller au bout du monde.
> L'eau vient de nulle part et les marais s'inondent
> À perte de vue. C'est tout bête, c'est comme ça.
> Là-bas dans le lointain comme un doigt qui se lève
> Sonne le clocher d'Ars. Le temps se convertit.

> Voyez ce petit pont, qui gémit et qui rêve…
> Sûr ! La modernité n'a rien à faire ici.
> La nudité du vent, le vol d'un papillon,
> Le cri d'une bernache en quête de romance
> Le chuchotis de l'eau au détour d'un limon,
> Tout est, confus murmure, improbable silence.

Heureux Pignon ! Il ne rate pas une occasion (même en me citant) pour se griser de mots jusqu'à l'ivresse. Tu verras, prophétisa-t-il : la poésie sera le miroir de l'homme. Regarde-toi toi-même, fut le dernier bon mot de Pignon avant qu'il ne passe de l'autre côté de la glace sans tain du delirium littéraire.

Je sais combien la poésie est redoutable. Le cas de mon ami n'est pas isolé. Il y a chez le poète autant d'enthousiasme que de sensibilité. Le ravissement et le trouble ont ceci en commun, d'énerver ceux qui n'en sont pas atteints et d'embraser ceux qui en sont frappés et mon ami m'énerve.

Sur sa lancée, Pignon impétueux continua. Je pourrais aussi, avec tout le respect que je lui dois, souffler au Grand Écrivain de remplacer sa première phrase : « Longtemps, je me suis couché de bonne heure », par : « longtemps, j'ai effeuillé les jours et les mots bleus », par exemple. Car à se coucher trop tôt, il risquerait de rater Madeleine Chapsal, quand elle revient de sa baignade de Trousse-Chemise, en vélo. Il raterait par la même occasion, l'évocation du charme désuet d'une île dont parle notre chère « Madeleine de Proust », dans son roman *Les amoureux* :

> « [...] *Au bout de l'île, la vie est semblable à celle des autres étés : légère, fragile* [...] *la place et son arbre sont restés immuables, de même que la souriante marchande de fruits qui n'a pas pris une ride.*

On peut en conclure que soi-même non plus. Le monde est éternel. Comme les beaux jours. »

Passa soudain, entre mon ami et moi, une grande affliction. À court d'arguments, je laissai Pignon à sa logorrhée hallucinée. Je m'ébrouais, comme à la sortie d'une mauvaise pluie et repris ma plume, autant pour sauver les meubles que pour renouveler mon amitié pour Madeleine.

Alors, avec cette pesanteur affligeante qui me caractérise et que je combats depuis mon enfance, je terminai par une formule de politesse, en paraphrasant Pignon (on a les amis que l'on mérite.)

Sachez que dans l'espoir de vous voir passer en vélo, délicieusement échevelée, devant ma planche d'écriture, où fébrilement, j'essaie de signer quelques livres, chère Madeleine, longtemps, je me suis levé de bonne heure.

Trousse-Chemise

La dernière fois que je suis allé à Trousse-Chemise, il pleuvait. Et la mer était verte.

Reboisé après la terrible tempête de la fin de l'autre siècle, le petit bois bruissait de ses milliers d'épines sous la pluie qui tombait.

Avec la plage toute proche, les pins, dans la dune finissaient par se confondre avec l'Océan.

Longtemps, Charles Aznavour a pleuré sur le temps qui passe, les dix-sept ans d'une héroïne à la robe légère, qui n'est jamais revenue, à Trousse-Chemise.

Dans le crépuscule d'un soir de juillet, je n'ai pu m'empêcher d'évoquer les quelques lignes que j'écrivis en ces mêmes lieux, il y a fort longtemps, sur un sable d'été, aussi léger que le vent.

> Alors sur la dune, dans la moiteur du soir
> Où un vent de folie, arracha tes satins.
> Ainsi Troussée-Chemise et tes mains sur tes seins,
> Tu m'offris ta vertu, obsédant ostensoir.

> J'ai vu le chaud désir, à ta bouche gourmande
> L'ébène de tes yeux, ancré sur ton visage
> Bu l'ivresse salée, au profond coquillage
> Et croqué les plaisirs à ta gorge friande.

Les étoiles soudain, se battaient dans le ciel
Et mon corps éperdu, en singulier duel
Embrassa, réunies dans un même réflexe
Les lèvres de ta bouche et celles de ton…

Le bagne, la grande affaire

Le bagne, puis le pénitencier : c'est l'autre grande affaire de l'île, comme le rappelle Denis Seznec.

Depuis Toiras et Vauban (les deux seuls vrais people que l'île de Ré ait portés au Panthéon de son histoire), la citadelle de Saint-Martin n'a jamais plus repoussé un seul Anglais. C'est pour finalement l'utiliser, qu'elle fut transformée en prison.

L'île n'en finissait pas de sortir du ghetto de mauvaise réputation dans lequel on l'avait enfermée.

Les Rétais avaient fini par s'habituer aux départs des forçats comme aujourd'hui aux prisonniers dans la forteresse. Ces parias de la société faisaient et font encore partie du décor et de leur quotidien.

Le temps efface l'horreur des méfaits et l'on ne retient des assassins que leur côté romanesque. Ils n'ont plus qu'à devenir célèbres. C'est le cas de Papillon.

Les habitants de l'île de Ré firent preuve d'une discrète indifférence à l'égard de ces « vedettes » et parmi elles, il y avait des people et des innocents comme Dreyfus et Guillaume Seznec, que son petit-fils, Denis, n'en finit pas de faire réhabiliter. Aujourd'hui, ces mêmes Rétais affichent une bienveillante discrétion, envers les personnalités et les artistes de cinéma, qu'ils côtoient journellement et qui leur ressemblent.

Les reporters people des années trente : Joseph Kessel, Albert Londres ou Henri Béraud étaient plus intéressés par les départs des bagnards pour Cayenne que par la douceur du climat de l'île de Ré.

La dernière utopie de notre époque, héritée de l'esclavage, faisait peu de cas des souffrances infligées aux détenus. Les conditions de transbordement dans les cages du bateau ou la vie au bagne de Saint-Laurent-du-Maroni s'apparentaient purement et simplement à la traite des noirs. Qui s'en souciait ? À part les journalistes.

C'est par leur travail d'investigation acharné, qu'ils finiront par faire abolir « l'esclavage des bagnards » en séance, à la Chambre des députés. Bien sûr, ces déportés représentaient la lie de la société et il fallait les empêcher de nuire. Le traitement inhumain de ces exclus a entaché notre histoire. Aujourd'hui, on ne montre de cet épisode que son aspect historique et romanesque.

Le Bal des veuves

C'est à la sortie d'un dîner, sur l'îlot de Saint-Martin, que j'entends, pour la première fois, parler du « Bal des Veuves ».

Avec quelques amis, nous nous lançons dans une comparaison entre les villages fortifiés par Vauban. Avec son port, qui pénètre largement à l'intérieur de la ville, Saint-Martin soutient, plutôt bien, la confrontation.

Nous passons sur le quai de La Poithevinière, au coin de l'îlot, qui vit naître Gédéon, le premier fils d'Henri IV, roi de Navarre, et qui, soit dit en passant, fut, certainement, le premier people d'entre nous.

Nous parlons des saisons, de ces ciels fantasques et tournoyants qui, depuis toujours, prêtent à Ré, la magie et les couleurs des bals populaires. Nous nous souvenons que dans les années trente, avait lieu, un peu plus loin, sous le marché couvert, un curieux carnaval, à moitié champêtre où, au contraire de celui de Venise, les masques tombaient, à mesure que la nuit avançait. On l'appelait le Bal des Veuves. Veuves, parce que les femmes qui y étaient invitées étaient les épouses des bagnards en partance pour Cayenne. Comme les déportés avaient peu de chance de revoir le sol français, elles étaient considérées, comme des veuves en puissance.

Le bal était donné en l'honneur des gardiens en costume rutilant et épaulettes dorées. Ils s'octroyaient donc, toutes les privautés qui leur passaient par la tête. Les femmes de déportés venaient les séduire, dans l'espoir fou de les convaincre d'agrémenter le quotidien de leur bagnard de mari, une fois arrivé à Cayenne.

On dirait que l'Histoire, au départ, se voulait plus sociale. Rien de moins arbitraire, ni moins administratif, ni plus banal en apparence, que ce bal populaire prévu par la mairie de Saint-Martin et la très officielle Administration pénitentiaire, jusqu'au plus petit bouton de guêtre. Et organisé, aux yeux de tous les notables, dans la licence la plus totale, comme s'il fallait avec cette peine, expurger de ces bagnards, le peu d'humanité qu'il leur restait.

Bourrée de militaires, la capitale de l'île n'était pas si regardante sur cette étrange affaire. Les autorités de Saint-Martin ne s'inquiétaient guère de tous ces gardes-chiourmes qui traînaient dans les bars, ni de toutes ces femmes qui flânaient dans les rues, au pied de la citadelle. La ville, frémissait dans l'attente de l'irrémédiable. Près de la citadelle, où les relégués vivaient leurs dernières heures sur le sol de France : le port. Près du port : le marché couvert, où était organisé le bal.

Personne ne sut dire d'où venaient ces femmes, ni depuis combien de temps elles étaient là, alpaguant le moindre surveillant promis au voyage, essayant de passer un mot, un numéro de matricule, aussi furtivement qu'ils s'empressaient de glisser une main dans l'embrasure de leur corsage.

Tout entières à l'emportement débraillé des gardiens, elles ne remarquaient pas dans les buissons aux alentours du bal, les bruits confus des autres débatteurs, affalés non loin d'elles. Elles ne s'étonnaient pas davantage de la fraîcheur de l'herbe. Les gardes, à la fin, se levaient sans un mot, bouclaient avec difficulté leur ceinturon, tant le désir qu'ils avaient consenti leur avait profité. Immobiles, dans la moiteur de la nuit, elles attendaient que les ombres, qui les avaient envahies, se soient évanouies. Le lit d'herbes, froissé dans la bataille, était à nouveau vide. D'un geste las, elles tendaient la main, brossant au passage leur jupon encore humide, effaçant la souillure. Et s'apercevaient, soudain, qu'elles étaient nues.

Trois semaines pour apprendre à mourir

En passant sous les remparts de la citadelle, je devinais l'ombre des forçats, en partance pour Cayenne. J'avais en mémoire, des visages, avec des yeux hagards, que j'avais pu voir sur une photo, au musée de Saint-Martin. Quelle pensée avait bien pu traverser l'esprit de ces bagnards, quand, probablement, ils avaient jeté un dernier regard à travers la lucarne de leur cellule, quand ils avaient dû frapper, d'un pied rageur, la paillasse sur leur passage ?

Je ne pouvais qu'imaginer. Je les voyais, baluchon sur l'épaule, quitter un à un leur cachot, leur cellule, se concentrer, par petits groupes, dans la lumière, au centre de la Cour-des-Départs, où, déjà, l'arme au poing, attendaient les gendarmes. Je les voyais également se soumettre, de mauvaise grâce, aux injonctions des matons, aux ordres d'alignement, aux reculades, là où, en d'autres lieux, à d'autres moments, habiles à profiter d'un instant de faiblesse, ils vous eussent, sournoisement, estourbi ou égorgé, sans l'ombre d'un remord. J'imaginais les barreaux des cellules, s'ornant de draps et de chiffons qui avaient dû, un temps, être blancs. J'entendais les survivants d'un soir, derrière leur fenêtre, gueuler leur dépit, à moins que ne fût l'expression, d'un ultime adieu aux déportés. Je sentais le pénitencier, tout entier, frémir et crouler sous le fracas d'une prison, que l'on essay d'éventrer ; exploser dans le vacarme de grilles que l'on martèle et de chaînes que l'on brise.

J'apercevais la lourde porte du pénitencier, s'ouvrant sur le passage de ces vauriens et qui semblait les saluer une dernière fois. Je découvrais, la longue cohorte hagarde, cheminant à travers le parc de la Barbette et descendant vers le port. Ces gueux à visage de gueux, ces hommes devenus des bêtes, regards tendus, tournés vers la mer, noyés dans l'absence, où ils savaient n'espérer ni pardon ni salut, avançaient, d'un pas traînant, en silence, vers la mort. À quel courage obéit-on quand on avance ainsi ?

© Incognito. Saint Martin de Ré.

Je les voyais monter à bord du bateau-cages le *Martinière* qui, assurément, les vomirait en enfer, de l'autre côté de l'océan, sur le bagne, en Guyane. Je devinais ces cages inhumaines, perdues dans la profondeur des soutes et les trois semaines de traversée : trois semaines pour apprendre à mourir. On dit que les condamnés qui sentent la mort venir, ont les yeux qui puent l'horreur, et les cadavres, aussi, qu'on devait sortir des cages et qu'on séparait, pour un temps, des vivants. J'imaginais l'arrivée à Cayenne, presque trop belle pour eux, la remontée du Maroni : la rivière qui mène au bagne. Je me voyais patauger, dans les mangroves, avec ces mauvais anges, contempler, avec eux, des soleils rouges le soir et des matins pluvieux et aussi des ciels qui flamboient sur des aubes assassines. Je repensais à Seznec, à Papillon, à l'île du Diable, à tous ces bagnards qui étaient les héros de mon enfance et qui peuplaient les souvenirs des habitants de l'île de Ré.

Seznec

Je l'imagine là-bas, à Cayenne. Ce doit être l'été pour lui, l'hiver pour nous. Il n'apprécie pas beaucoup les mois de forte chaleur. Le grand air y est à l'étroit et le mental s'en ressent. Il a beau, fermer les yeux, son corps tout entier reste douloureux. La moiteur se lit partout, sur son visage, dans la stupeur qui accable son silence, dans ce sang lourd, qui perle doucement sur son front, dans l'ombre de cette sueur persistante, qui s'étale, jusqu'au bas de ses reins. Ses lèvres tremblent, encore, d'un insignifiant murmure. Et puis, il y a ce regard fixe, mendiant, qui ne sait plus crier son innocence. C'est le regard des indigents, celui des oubliés. Vous le croiseriez, aujourd'hui, je crois, avec beaucoup de crainte. C'est pour fuir la moiteur, qu'il fuit le sommeil. La moiteur a toujours été le cauchemar des bagnards. Elle réveille en eux, l'impossible désir d'évasion, ce grand besoin d'air pur, cette soif jamais assouvie d'eau claire, qu'ils auraient pu boire, si le diable leur était venu en aide, dans le creux de leurs mains, entre les cailloux, sous les branches, dans la fraîcheur des marigots. Car la fraîcheur leur serait venue de la mer, tout là-bas, du tout dernier domicile des dieux. Dans leurs rêves, la liberté aurait ouvert les portes, bien sûr, aurait bousculé les gardiens, tous les gardiens, les aurait entourés de rires et de vent, puisqu'ils n'auraient plus servi à rien, désormais.

La liberté, toute nouvelle, aurait souri aux bagnards, timidement

*Une des rares photos de Guillaume Seznec au bagne.
À droite, Denis Seznec.*
Collection privée Denis Seznec.

pour commencer, comme si c'était toujours interdit. Ils ne seraient pas encore tout à fait habitués, elle les aurait poussés, forcés peut-être. Elle se serait enfuie certainement, avec eux, en tournoyant. Il n'y aurait plus eu aucune différence entre la fraîcheur et le vent. Avec la liberté ils auraient alors, enlacé le vent, dans leur fuite éperdue vers le soleil. C'était peut-être ça. C'était certainement ça, le cauchemar aux îles du Salut, à l'île du Diable.

L'oncle et le prisonnier

Après l'arrêt des déportations au bagne de Cayenne, en 1938, la situation des prisonniers s'est considérablement améliorée. Ça n'avait plus rien à voir. On aurait dit que le pays voulait se faire pardonner la cruauté de ses institutions.

Les détenus sortaient de la citadelle l'été, quatre fois par mois quand la marée était haute. Ils allaient par groupe de vingt ou trente pour se baigner dans le petit port de la citadelle, pendant deux heures. Le directeur du pénitencier se tenait debout, sur une barque, à la sortie du port, avec un gardien armé et un détenu qui dirigeait la barque.

Dans les années 1950 la vie était belle dans le pénitencier, avec ses cellules donnant sur la mer. Parfois, le spleen et le regret de partir gagnaient les libérables, au point que certains comptaient avec anxiété les derniers jours qui les séparaient de leur libération.

Mon oncle et ma tante tenaient une guinguette, à la sortie de Rivedoux.

La douceur de l'endroit, face à la mer et à l'abri du vent, décida mon oncle à l'appeler : *À l'ombre des pins*. Chaque printemps, ma tante Denise faisait ses conserves d'asperges de l'île. Mon oncle rangeait amoureusement les bocaux, dans la remise, dont la porte étroite, donnait à l'arrière, sous les arbres.

Ce matin-là, mon oncle apporta les coquillages et les huîtres, ramassés dans les parcs de la baie du village.

Sur la route de La Flotte, un homme encore jeune, pestait contre sa vie, en poussant du pied, les cailloux du chemin.

Deux heures auparavant, ayant accompli son temps, au pénitencier de Saint-Martin, il avait été libéré.

Mais ayant pris un vif plaisir dans cette prison — avec vue sur mer — il avait refusé, dans un premier temps, de sortir. Les gardiens et quelques gendarmes avaient fini par le pousser dehors. Il arrivait ainsi dans la grande ligne droite qui annonce Rivedoux et son embarcadère. Passant à la hauteur de la paillote de l'oncle, il vit ce dernier sortir, une à une, les mannes d'huîtres de la 2 CV et constata que le moteur de la voiture tournait encore, à cause d'une batterie défaillante.

Brusquement, le tout nouveau libéré s'assit derrière le volant, enclencha la vitesse et fit faire quelques embardées à la voiture, entre les pins.

Quelques curieux et l'oncle, ahuris, regardaient le spectacle, sans bouger. À court d'idées, avant d'être à court d'essence, le libéré récalcitrant et vitupérant s'arrêta, et sans sortir de la voiture, intima l'ordre à l'oncle de monter à côté de lui. Après avoir injurié la planète entière, le chauffeur improvisé et l'oncle tétanisé prirent le chemin du pénitencier. Ils attendirent patiemment que sonnent quatorze heures afin que l'on vienne leur ouvrir.

Après avoir été reçu par le sous-directeur de la prison, pour libérer l'oncle et sa 2 CV, le fonctionnaire consentit à appeler les gendarmes. Ceux-ci arrivèrent, vers seize heures, sur la pointe des pieds, ouvrirent le fourgon cellulaire, au lieu de la porte d'entrée de la citadelle, et envoyèrent notre homme sur le continent, à la prison de Fontenay-le-Comte, au grand désappointement du libéré récalcitrant.

J'aime pas tes petits pois

Quelques mois plus tard, l'automne arrivait sur l'île de Ré, avec son cortège de charrettes, rentrant des vendanges.

Dans la torpeur de l'été indien, deux coups de sirène retentirent, annonçant qu'une évasion de prisonnier s'était produite au pénitencier de Saint-Martin.

L'oncle imperturbable dans sa remise rangeait les bocaux d'asperges de la tante qui n'avaient pas trouvé preneur, durant l'été. Il les comptait et recomptait sur l'étagère, au-dessus des vins, des bouteilles d'apéritifs et des liqueurs. Puis consciencieusement, il cadenassa la remise, sous les pins, et abandonna la paillote à l'hiver.

Dès les premiers jours du printemps, l'oncle revint mettre la paillote en état. Il fit le tour de la salle réservée à la clientèle, craignant toujours une infiltration ou des moisissures. Puis rassuré, il s'engagea sous la pinède et se dirigea vers la remise. Quel ne fut pas son émoi, lorsqu'il constata que le cadenas était fracturé ! Poussant la porte avec méfiance, dans la pénombre, il s'aperçut que les bouteilles de vin, les apéritifs et les liqueurs avaient disparu. Au-dessus, sur les étagères disloquées, les bocaux d'asperges de la tante gisaient ouverts et renversés. Il s'en échappait une odeur de moisi et de putréfaction avancée. Dans ce capharnaüm indescriptible, seuls, comme une lueur dans la nuit, apparurent, miraculeusement intactes, les soixante-douze boîtes de petits pois extra-fins.

Éberlué, butant sur les cadavres des bouteilles qui jonchaient le sol, l'oncle aperçut un corps étendu, qui relevait péniblement la tête. Comprenant qu'il s'agissait, sûrement, de l'évadé du pénitencier que l'on recherchait depuis quatre mois, il demanda prudemment :

— Qui êtes-vous ?

L'homme, encore en état d'ébriété, pointa vers l'oncle, un index vengeur et titubant et annonça fièrement :

— J'aime pas tes petits pois !

Cavales

L'avenir est si subtil, qu'il suffit parfois d'un rien, d'un barreau de cellule, scié au bon endroit, d'un drap de lit noué, de l'autre côté du mur d'enceinte, pour faire d'un détenu modèle, un évadé en cavale. De là à prétendre que la récompense pour bonne conduite ne soit qu'une botte de foin offerte à un âne et que la crédulité consisterait à lui en offrir une seconde, il n'y aurait qu'un pas.

C'est ce pas, ou plutôt cette enjambée que fit un détenu en 1964, pour fausser compagnie à des gardiens trop crédules.

Au pénitencier de Saint-Martin, un activiste de l'O.A.S, Robin, purgeait une peine de détention. Il se plaignait de violentes douleurs aux jambes.

Le détenu fut transféré à l'hôpital de La Rochelle, où il fut mis en observation. C'est une ville qu'il connaissait bien. Il comptait de nombreux amis dans la place, puisqu'il y était né et y avait vécu jusqu'à ce qu'il rallie les membres de l'organisation secrète.

Dans la salle d'attente, deux gardiens l'accompagnaient. Robin demanda à aller aux toilettes. Il s'échappa du bâtiment où il était détenu, par la fenêtre des w.-c, puis il quitta l'hôpital par la grande porte. Il disparut dans le cortège d'un mariage qui, comme le démontrera l'enquête, ne passait pas par là par hasard.

La police se pose encore des questions, sur cet étrange mal

dont souffrait ce détenu, dorénavant célèbre, qui l'empêchait de marcher, mais pas de courir.

*

La plus rocambolesque évasion est sans contexte celle de Claude Tenne.

Ce militaire parachutiste, pendant la guerre d'Algérie, participe au « putsch des généraux », à Alger, avant de s'engager dans l'O.A.S. et de commettre des attentats. Arrêté, il est condamné à perpétuité et incarcéré au pénitencier de Saint-Martin.

Le trois novembre 1967, Claude Tenne profite de la libération de son codétenu Varga, pour échafauder un plan.

Il avait remarqué que les malles des détenus libérables n'étaient pas fouillées. Profitant d'un relâchement de la surveillance, il vide l'une des cantines remplie de livres. Il s'y introduit et rabat le couvercle sur lui en le maintenant fermé de l'intérieur.

Quelques temps après, la malle est chargée dans une camionnette de l'Administration pénitentiaire. Dans l'obscurité de son réduit, le détenu en cavale entend que l'on ouvre les portes de la citadelle. Il fait froid. Cela fait deux heures qu'il est enfermé. Il souffre de crampes. Soudain, le véhicule s'immobilise. On décharge la malle. Il entend la camionnette redémarrer. Il attend. Soulève le couvercle dans le noir. Il distingue l'ombre des flèches de l'église. Il est dans la cour du presbytère de Saint-Martin. Il est libre.

Il racontera plus tard qu'il rejoignait la frontière belge. Selon ses dires, il la passa le lendemain à l'aube, en vélo, caché au milieu d'un peloton d'ouvriers en bicyclette.

Il se réfugia dans l'Espagne de Franco, à Palma de Majorque, dans une élégante villa prêtée par une vieille dame.

Alain Delon, fasciné par le côté romanesque de Claude Tenne, versera un acompte pour se réserver le droit de tourner un film sur sa vie aventureuse et son évasion rocambolesque. Mais dans les méandres de l'histoire, l'argent ne lui parviendra jamais.

La fortune, à son tour, s'était faite la malle.

Île de couleur et de lumière

Voilà, on arrive à la fin. À la fin du commencement de l'histoire et un peu de la mienne. Des gens connus ou qui comptaient, sont apparus au fil des pages. Rien d'extraordinaire à ça ! Oui, à ceci près qu'ils étaient les pionniers.

Alors, ce premier pas des personnalités, un pas de géant pour l'île de Ré ? N'exagérons rien.

Il a toutefois permis de sortir du chapeau ce qu'appréciaient les people : le calme, la couleur, la lumière. Tout ceci était enfoui sous l'image de la misère et de l'île aux bagnards.

Les peintres, les musiciens et les écrivains, désormais, ne sont plus très loin.

On peut préférer la Corse à la Sardaigne, Santorin à Myconos. On peut être fasciné par la Caldera, avec ses villages aux coupoles bleu azur, accrochés à la paroi de la montagne et écrasés de soleil. On peut être ensorcelé par l'île aux trois moulins, avec ses maisons blanches et ses bijouteries d'un autre âge, avec ses pélicans apprivoisés sur la plage et ses chapelles de poche à l'odeur d'encens. Il en est ainsi des endroits bénis des dieux où on se dit, à chaque fois : « après ça, je peux mourir ». Mais on ne meurt pas et tout finit par s'évanouir dans une mer bleu turquoise.

Alors, tomber sous le charme de l'île de Ré, une île sans relief, aussi plate, aussi affligeante qu'un bustier de vieille Anglaise, qu'on la croirait faite de ciel et d'eau, n'est-ce pas là, le comble de l'affliction ? Tout de suite, on voit que les contours ne sont plus aussi certains ; se lamenter contre sa platitude dénoterait, à coup sûr, un esprit étroit et particulièrement étriqué. Rien que ça !

Si certains lui reprochent encore de manquer de repères, ce dernier bastion, toujours prêt à repousser l'envahisseur anglais, vous répondra crânement que la hauteur n'est qu'une prostitution du regard. Reconnaître sa modestie, n'est-ce pas le commencement de sa grandeur ?.

Ce n'est pas la faute des îliens, si le centre de gravité, de cette île est au plus bas et qu'il a élu domicile du côté de Trousse-Chemise. L'Histoire s'est toujours contentée de ce qu'elle avait à portée de la main.

Le pont de Ré

Regardez comme le soleil se lève, entre les piles, juste au-dessus des côtes du continent. Il m'avait fallu toute une adolescence et des tonnes de frasques, pour m'apercevoir, que le bonheur, je l'avais sous les pieds.

Bien sûr il y a l'océan, mais l'idée que je me fais de cette île est inséparable du soleil et du vent. Le soleil, comme les habitants, est partout chez lui, à Ré. Jusqu'au plus profond des ruelles, dans le silence doré de l'après-midi ou dans la chaleur moite de la sieste. Le vent, comme les touristes qui déferlent sur le pont, lui est toujours à la tâche, il ne fait que passer. Voyez la baie de Rivedoux, sur votre droite, là où les voiliers sont les plus nombreux, la brise bat les voiles, comme on bat le rappel, en tapant des mains d'impatience.

Retenez ce que me confiait un vieux marin, un jour de forte brise : la migration des hommes se fait toujours avec le vent.

Les marchés rétais

Parmi les choses simples à découvrir sur cette île, la toute première est de pratiquer l'art du marché. Un vrai bonheur.

En une seule matinée, en bicyclette, l'été, on fait facilement les deux marchés à poissons, qui comptent sur l'île de Ré.

Vers midi, le long de la piste cyclable, le panier rempli en équilibre entre les deux poignées du guidon, l'on s'entend dire à demi-mot : « À La Flotte, il y avait plus de choix qu'à Saint-Martin. »

Ce n'est pas la fraîcheur du poisson qui est en cause, ni la variété, ni l'assortiment. Ce serait plutôt les conditions dans lesquelles on va au marché. Que l'on néglige son arrivée sur le port et la descente par la rue de la boulangerie, qu'il y ait la foule ou une chaleur oppressante et la qualité du poisson s'en fait ressentir.

L'idéal est d'arriver avant le gros des touristes, quand le soleil pointe au-dessus des mâts du port. L'intérêt de la chose n'influe pas seulement sur la qualité du poisson, il flatte aussi l'ego. On salue d'un large sourire, les passants que l'on connaît. Puis, dans une odeur chaude de croissants et de tartes aux prunes, les commerçants s'inquiètent de votre santé.

On ne le dira jamais assez : on est entre nous à La Flotte ou à Saint-Martin. Cet épanchement de bonheur donne un goût d'authentique, aux mots les plus simples. Le bonjour devient jovial et le propos gourmand. Bref ! Tout est en place pour tomber sous le charme d'un marché du XIIe siècle et de ses pavés du XIIIe.

Les vieux auvents de tuiles embalconnés subliment votre envie, jusqu'à l'outrance. Franchement, hésiter pour le dîner du soir, entre un bar de quatre livres et une daurade royale façon barbecue, n'est-ce pas rendre un hommage posthume à tous les poissons grillés, que l'Océan a portés ?

Oui, « vraiment à La Flotte, il y avait plus de choix qu'à Saint-Martin ».

Les quatre saisons

Le passé-présent, dans l'enfilade des salines éclate à aveugler, au point que rien ne bouge et que tout avenir semble inutile. Seul, le martèlement des jours et des saisons scande le destin de cette île et le mien.

À chaque grâce saisonnière désormais, je suis tenté d'attribuer une vertu cardinale.

Le printemps, aux Portes

C'est à cet endroit, à la Maison du Fier, en mars, à la sortie de ces longs mois d'hiver, que l'on découvre le vrai visage de l'île : quand les vieux marais vaporeux et glacés se mettent soudain, à fumer comme une soupe.

Au loin, sonne le clocher d'Ars, dans le clair-obscur d'un ciel changeant, comme dans un tableau de Millet, pauvre et nu comme le vent sur les ailes des palombes.

L'été à Saint-Clément

Les foins, derrière les tas de sel, virent au blond. Les herbes folles se couchent au passage, sous les pas, et saisissent brutalement la gorge, avec leur odeur âcre et tenace. Des essaims de moucherons tournoient dans l'air surchauffé.

La brume de mer, devient cotonneuse. Au milieu du marais, les échasses blanches semblent marcher sur un ciel de nuages. L'air soudain ouaté rend un goût de sel et d'anis sauvage.

Au loin, dans les cyprès qui bordent le Martray, commencent à s'éveiller les hérons. Les aigrettes rassurées lissent leur plumage et dans les salines fantomatiques les tas de sel se drapent d'un long suaire blanc. Les champs et les bassins prennent alors des allures blafardes de landes écossaises.

L'automne, à Ars

En automne, quand se lève le vent du nord, les oiseaux migrateurs quittent le marais, après un ultime passage au-dessus de l'île. Ils se rassemblent et s'envolent, en direction sud.

Du tranchant de la pelle, les sauniers alors, ouvrent la saline à la mer et la mer doucement, envahit le marais.

Dans le lointain, le chant d'un oiseau assourdi par la brise tremble léger et solitaire, sous la lumière de septembre. Les habitants d'Ars, peu à peu, troquent leurs chemises de lin, contre des cirés jaunis, sur lesquels glissent le vent et les embruns.

Les ânes désoeuvrés alors s'en retournent avec l'ennui dessous leurs pas.

L'hiver, à Loix

Venant de l'ouest, une brise marine naît de la nuit et déchire des lambeaux de ciel gris, qui s'accrochent aux branches et pendent, çà et là, décharnés et brumeux. Les salines deviennent blanches. Non pas de sel, mais de givre. Le marais paraît démesuré, sans limite. L'hiver dévoile alors, toute la pauvreté de ce bout du monde.

Le vent qui souffle ici égrène les mots, il ensemence le marais. Les mots reviennent aux choses qui les ont faits : aux buissons, aux herbes, aux arbres. Quand l'ombre efface le contour des buissons, des herbes et des arbres, alors restent les mots qui les ont dites.

L'île des peintres

Ce que les peintres Louis Suire, Claude Rabanit et Chapelain-Midi aimaient à Ré, c'était avant tout la lumière qui se marie si bien avec la mer, les dunes et les reflets sur l'eau. Les plages qui s'allongent à l'infini depuis la Conche des Baleines, le pas lent des pêcheurs sur l'estran, les ombres bleues et fragiles des barcasses à Rivedoux tirant sur leurs cordages comme des chiens errants enfin apprivoisés, n'avaient plus de secrets pour eux.

Louis Suire et mon grand-père Octave avaient été dans les tout premiers insulaires à posséder une automobile. L'un transportait ses chevalets et ses couleurs aux quatre coins de l'île, l'autre, son saxophone, sa treille à crevettes, son panier en osier et son épée d'écluse. Leurs vieilles guimbardes n'en finissaient pas de se croiser et de se décroiser sur les chemins de terre. Ils se saluaient au passage, d'un coup de menton imperturbable.

Je me souviens de Louis Suire quittant son repaire de La Rivière, aux Portes, pour passer quelques jours à la maison. Je me rappelle les conversations passionnées devant un vin de treille, tandis qu'il épiait les couleurs changeantes d'un soleil conquérant, au-dessus de l'abbaye des Châteliers. Il essayait de me convaincre. Il y réussissait fort bien.

Ré n'est pas qu'une île, me disait-il, mais un chapelet, une infinité d'îles. Il y a celles des ports et celles des marais, celles des vignes et des bois, celles des bateaux ancrés, sur des rivages incertains. Devant moi, l'île tout entière devenait son creuset, où il puisait son inspiration.

Dessin de Louis Suire, port de Rivedoux.
Collection privée de l'auteur.

Louis Suire partait dans son voyage immobile. Les choses se dénouaient, comme on largue les amarres en quittant un port, dans le silence des couleurs.

C'est peut-être là, à son contact, au plus profond de mes racines, que j'ai compris que je voulais écrire, mettre de la couleur sur les mots et faire comme lui, une activité de silence.

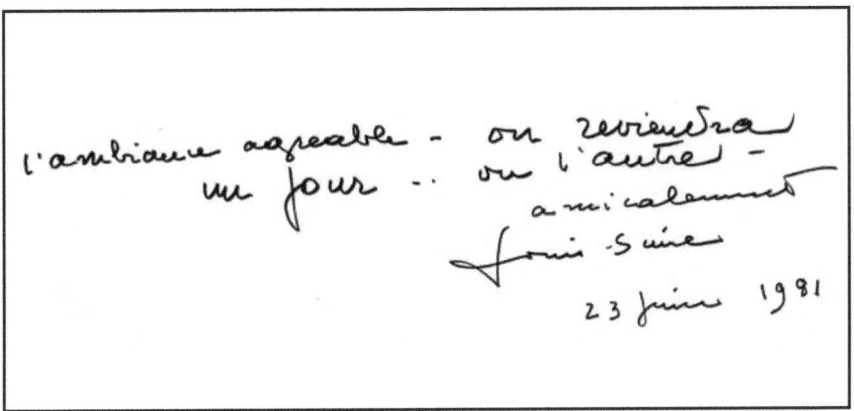

Dédicace Louis Suire
Collection privée de l'auteur.

C'est après une pluie d'orage, qu'il faut voir Venise, disait Whistler qui après Turner, peignit la lumière. C'est ainsi qu'il faut aborder Ré la plate.

Quand il nous manque la hauteur, on se satisfait de la lumière et de la diversité des couleurs.

Ré alors, devient blanche, avec ses murs de chaux. Noire, avec le coaltar, au bas des maisons, pour les protéger de l'humidité. Rouge, comme la robe des mariées rétaises d'autrefois. Multicolore, beige ou bleu nuit, avec les roses trémières, partout dans les venelles et les cours intérieures. Magenta avec la façade des *Hurle-Vent*. Jaune d'or avec les immortelles des dunes. Pourpre ou carmin, avec les coquelicots, au pied de l'abbaye. Bleue, comme le ciel et les volets des îles et grise comme les contrevents des habitations des notables de Saint-Martin. C'est pour distinguer les demeures des îliens, dispensés de payer la Gabelle, que les hommes, qui surveillaient les côtes de l'île pour le compte du roi de France, coloraient leurs volets en vert, couleur de liberté. Mes ancêtres, qui ne savaient ni lire ni écrire, enluminaient les frontons en peignant leur liberté.

Tableau de Louis Suire.
Collection privée de l'auteur.

Les gens connus se réunissent l'été, par affinité. À La Flotte et à Sainte-Marie, le monde de la presse, de l'édition et de la politique.

Aux Portes, les stars du show-biz. Contrairement à Saint-Tropez ou à Deauville, les people ont une chose en commun qui les occupe et les obsède : ne pas être importunés et vivre simplement, au milieu de tous. Eux, dont l'entêtement à rester sous les feux de la rampe est légendaire, une fois débarqués sur l'île, font tout le contraire, comme s'ils étaient arrivés à leurs fins, comme s'ils étaient enfin, entrés dans la lumière.

Peinture et Écriture

La beauté a un nom qui se pare de mille feux. Quand le feu est trop fort, les mots n'existent plus. Bien sûr, il faut faire quelque chose. Je ne sais pas moi : souffler dessus, prier.

Autrefois, les dieux devant la beauté n'étaient que pauvres hommes. Alors au désespoir, ils faisaient venir un peintre désespéré. Il arrivait en pleurant, sortait son chevalet, son pinceau, courait de gauche à droite, bousculait les rochers, déchirait la lumière, accrochait la couleur : dans les bleus, dans les gris. La beauté intriguée, appréciait la peinture, se penchait sur la palette, puis entrait dans le tableau.

Devant tant de beauté, le peintre désespéré tentait un dernier geste, se noyait dans les bleus, s'enivrait dans les rouges et finissait par appeler au secours.

Un poète fou, qui déclamait à proximité, accourait et délivrait le peintre, de la beauté qui déjà, l'ensorcelait.

Le poète souriait, comme un fou à la belle, lui offrait une pensée, puis une autre, encore une autre, ainsi de suite. Il prononçait des mots secrets, connus de la seule beauté. Il rajoutait l'émotion qui manquait au tableau. Le ciel s'éclairait enfin, les dieux applaudissaient. On l'avait échappé belle.

*

Si vous rencontrez un jour, une beauté qui se pare de mille feux, que le feu est trop fort et que les mots n'en peuvent plus, sachez qu'il existe quelque part, un peintre désespéré et un poète fou, pour déchirer la lumière, accrocher la couleur, pour redonner un mot, un nom à la beauté, afin que l'on puisse l'admirer.

Mais la beauté peut partir ailleurs. C'est épuisant, c'est infidèle la beauté, elle est à plein d'endroits à la fois. Elle n'a pas de pays, pas de frontière. Elle prend parfois, des allures surprenantes : une plage sous la brise du matin, un bois de pins tordu par la froidure de l'hiver, trois gouttes de rosée dans les plis d'une feuille, une branche de tamaris effleurant l'eau dormante, ou comme au bout de mon île, un ciel de marais, qui chavire dans les yeux jaunes d'une aigrette.

*

Mes modèles sont peintres ou écrivains. Comme leurs tableaux, leurs livres disent la beauté des choses et naissent de la lumière. Les miens voient le jour au-dessus des marais d'Ars, dans l'antichambre de cette lumière, dans cette obscure clarté, comme dit le poète, qui tombe des étoiles.

J'ai découvert ces personnalités, qui se sont enflammées pour l'île de Ré. Comme je les comprends. J'ai tout aimé d'elles : du moulin de Gisèle, au café d'Alfred. Avec Silvia et Jean Monnet, j'ai le souvenir ému des crevettes d'Alexis et de la mouclade de ma mère. J'en ai encore le goût à la bouche. J'ai adoré plus que tout, les folies de Solidor et le saxo d'Octave. J'ai un faible pour l'une et de l'admiration pour l'autre. Tous ont eu, à une époque, au début où il n'y avait rien, chacun à leur manière, un rayonnement.

Alors, comme l'oiseau qui délaisse le vent, le peintre qui

abandonne sa palette à la lumière, il faut bien que l'auteur un jour, se sépare de sa plume, même à regret, même s'ils ont encore, beaucoup de choses à se dire.

L'auteur remercie :

— Gisèle Casadesus, pour nos chaleureux entretiens et pour m'avoir confié les photos de son album de famille.

— Danièle Lebègue pour m'avoir accompagné sur les chemins de l'île.

— Éric Roussel, *Jean Monnet*, Fayard, 1996.

— La Fondation Jean Monnet pour l'Europe à Lausanne (Suisse).

— Marie-Hélène Carbonel, pour sa très belle biographie de *Suzy Solidor : Une vie d'amour*, Autre Temps, 2007.

— Jacques Penaud, Les-Portes-en-Ré, pour son amical accueil à la maison des Hurle-Vent et l'accès à sa collection privée.

— La société Iris pour sa photo de la tour Solidor à Saint-Malo.

— Incognito à Saint-Martin-de-Ré.

— Denis Seznec pour sa préface et France Justice pour la photo de son grand-père.

— Alain Donnat pour le 226e tableau de Suzy Solidor.

Tables

Préface de Denis Seznec	p.9
Comment c'était avant ?	p.11
J'aime pas la sieste	p.13
Gisèle	p.21
Les Fausses Confidences	p.27
Les malheurs d'Alfred	p.31
Octave	p.37
La guerre est finie	p.41
Étrange karma	p.45
Jean Monnet	p.49
La femme de chambre…	p.61
Suzy Solidor	p.63
De Sapho à Messaline	p.67
Les « People peopolarisés »	p.89
Paparazzi	p.97
À La Madeleine de Proust	p.101
Trousse-Chemise	p.105
Le bagne, la grande affaire	p.107
Le Bal des veuves	p.109

TROIS SEMAINES POUR APPRENDRE À MOURIR	p.113
SEZNEC	p.117
L'ONCLE ET LE PRISONNIER	p.121
J'AIME PAS TES PETITS POIS	p.123
CAVALES	p.125
ÎLE DE COULEUR ET DE LUMIÈRE	p.129
LE PONT DE RÉ	p.131
LES MARCHÉS RÉTAIS	p.133
LES QUATRE SAISONS	p.135
LE PRINTEMPS, AUX PORTES	p.137
L'ÉTÉ À SAINT-CLÉMENT	p.139
L'AUTOMNE, À ARS	p.141
L'HIVER, À LOIX	p.143
L'ÎLE DES PEINTRES	p.145
PEINTURE ET ÉCRITURE	p.151
L'AUTEUR REMERCIE :	p.155
TABLES	p.157

Imprimé en France - JOUVE, 1, rue du Docteur Sauvé, 53100 MAYENNE
N° 511938Z - Dépôt légal : juin 2010